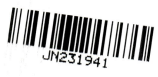

ことば選び辞典

大きな字の美しい日本語選び辞典

Gakken

『大きな字の美しい日本語選び辞典』
制作協力者

【装幀】
高品吹夕子（有限会社青橙舎）

【校正】
倉本　有加
松尾　美穂
市村　綾伽
市村　尚子

【組版】
株式会社　明昌堂

【企画編集】
森川　聡顕
田沢あかね

まえがき

「文豪の視点で小説を書きはじめたが、よく考えたら私は文豪ではなかった。詰んだ」
「うちの子の台詞《せりふ》がやたら薄っぺらい……嗚呼、我が語彙力よ降臨したまえ」
「瀟洒な洋館を描写する文章なのに、庶民的な文章。名探偵いつお出ましになるんだ」
……等々、ことばを紡ぎ出す人の悩みは尽きることがありません。これらのお悩みを解決するヒントになれる「ことば選び辞典」シリーズを、ご用意いたしました。

　本書は、格調高い文章を書きたい物書きのための辞典です。歴史物や近代文学の雰囲気を醸し出すのに使えることばを選んで収録しています。自らの文章が己の理想に届かぬことを嘆き、物思いに耽る日々を過ごす字書きのみなさまに寄り添える辞典になったかと思います。さらに本書では、巻末にキーワード索引を設けました。ぼんやりとしたイメージからことばを拾い出せるしくみで、執筆中に心が折れないよう工夫しております。

　創作活動に少しでも役立つ辞典になれたのなら、全ての創作物を愛する一人の編集者として僥倖に存じます。願わくはみなさまの創作活動が、より得心が行くものになりますように。

二〇一八年一〇月　学研辞典編集部

凡例

【一】項目

①格調の高い慣用表現・決まり文句を精選

②見出し項目 約930

子項目 約1710

合計 約2640項目を収録

【二】配列

①見出し項目は、読みの五十音順

②子項目は、見出し項目と同じ意の言いまわしを項目の最後にまとめて表示

【三】【 】の中 …見出し項目

①漢字表記の横には振り仮名を表示

②漢字表記や漢字の送りがなは、本辞典で示すものだけに限定されない

ただし、別の表記や送りがなは示さない

例：無い→ない／以て→以って

【四】【 】の直後 …語釈

①簡潔で分かりやすく解説

②複数の語義がある場合、①②…と分ける

【五】▽ …補足解説

○使い方、重要な文法事項、原義・故事、誤読例・誤字例、別の言い方・表記などを解説

【六】★ …用例

○見出し項目を使った簡便な文章表現を例示

【七】灰色の囲み …類語表現

①「●同じような意の言いまわし」などのタイトルの左に、子項目として表示

②見出し項目としても立項されている語句には「＊」印を付す

【八】巻末索引

［1］項目の五十音順索引

①見出し項目と子項目とをあわせて、五十音順に配列

②項目の下の数字は、本文のページ数

③子項目には「＊」印を付す（本文の類語表現とは別）

［2］キーワード索引

①本文の見出し項目は、その表現を知らなければ探せないことから、各見出し項目の語釈や解説などを元にキーワードを設定する

②そのキーワードの五十音順に配列

③キーワードの中は、見出し項目の五十音順

④項目の下の数字は、本文のページ数

【相《あい》容《い》れない】

お互いの立場・主張などが異なっていて、受け入れられない。ともに成り立つことができない。★相容れない関係。

●**同じような意の言いまわし**
扞格《かんかく》がある／背反《はいはん》する／平行線を辿《たど》る／*氷炭《ひょうたん》相容《あいい》れず／倶《とも》に天を戴《いただ》かず

【相《あい》前《ぜん》後《ご》する】

①物事の順序が逆になる。★説明が相前後する。

②物事が間を置かずに続く。★二人は相前後して到着した。

【相《あい》対《たい》死《じ》に】

男女が合意のうえでいっしょに自殺すること。情死。心中。▽「あいたいし」ともいう。★心を一つにした相対死に。

【相《あい》対《たい》尽《ず》く】

直接話し合ったうえで。当事者同士が合意のうえで。★結婚式の日取りは相対尽くで決めた。

●**同じような意の言いまわし**
納得尽く

【相《あい》半《なか》ばする】

対立する二つのものが、互いに同じくらいである。互角である。★愛憎相半ばする感情を抱く。

●**同じような意の言いまわし**
五分五分である／どっこいどっこいである

【相《あい》俟《ま》って】

二つ以上のものがいっしょになって。互いに作用しあって。★実力と運とが相俟って勝利した。

●**同じような意のことば**
相乗効果

【相《あい》見《まみ》える】

会う。また、互いに顔を合わせる。★敵と相見える。

【相《あい》和《わ》す】

互いに仲よくし合う。互いに調和する。★夫婦相和す。

●**同じような意の言いまわし**
琴瑟《きんしつ》相和す

【敢《あ》え無《な》くなる】

死ぬ。亡くなる。★深手を負い敢え無くなる。

【証《あかし》を立《た》てる】

確かなことを証拠立てる。潔白であること

を示す。★身の証を立てる。

●同じような意の言いまわし
立証する／証拠立てる／裏付ける

【論《あげつら》う】

良いか悪いかについて取り立てて言う。あれこれと論じる。★欠点を論う。

●同じような意の言いまわし
論じる／議論する／論議する

【朝《あさ》な朝《あさ》な】

毎朝。朝ごとに。▽「夜《よ》な夜《よ》な」の対。★朝な朝なジョギングにいそしむ。

●同じような意の言いまわし
朝《あさ》な朝《さ》な／朝な夕な

【朝《あさ》まだき】

まだ夜が明けきらず、薄暗いころ。早朝。★朝まだきに家を出る。

●同じような意の言いまわし
未明／彼者誰時《かわたれどき》／暁／早暁／朝ぼらけ／東雲《しののめ》

【足音《あしおと》を盗《ぬす》む】

足音がしないようにする。★足音を盗んで部屋に入った。

【味《あじ》のある】

物事に趣があるようす。面白いと思える要素を有するようす。★味のある演技。

【味《あじ》のない】

物事に趣がないようす。面白いと思える要素が欠けているようす。★味のない映画。

【与《あずか》って力《ちから》がある】

大変役に立っている。大いに貢献をする。★城の完成に与って力がある。

●同じような意の言いまわし
物を言う

【与《あずか》り知《し》らない】

関知しない。かかわりをもたない。★これは君の与り知らないことだ。

●同じような意のことば
知らぬ顔の半兵衛／どこ吹く風／目を塞《ふさ》ぐ

【明日《あす》は我《わ》が身《み》】

他人に起きた不幸が近い将来自分自身にも起きるかもしれないということ。また、いつそうなるかわからないということ。★明日は我が身と危機感を持つ。

【明日《あす》をも知《し》れぬ】

あすには死ぬかもしれない。近い将来どうなるかわからない。あす知れぬ。★明日をも知れぬ命。

【恰《あたか》も好《よ》し】

ちょうどよいことに。おあつらえむきに。
★時恰も好し。
●同じような意の言いまわし
折りよく／折しも／頃よく／時を得て／時宜にかない

【頭《あたま》を捻《ひね》る】

いろいろと考えて工夫する。▽「頭を捻る」ともいう。★頭を捻ってアイディアを出す。


【婀《あ》娜《だ》めく】

女性の姿・動作がなまめかしくみえる。色っぽく思われる。★婀娜めいた目つき。


【徒《あだ》や疎《おろそ》か】

軽々しく粗末に扱うさま。▽「徒」を「仇」と書くのは誤り。★徒や疎かにはできない。
●同じような意の言いまわし
徒疎《あだおろそ》か／等閑《なおざり》／忽《ゆるが》せ／蔑《ないがしろ》／いけぞんざい

【可《あ》惜《たら》】

もったいないことにも。惜しいことにも。
★可惜命を無駄にするな。
●同じような意の言いまわし
可惜《あったら》／惜しくも／*惜しむらくは／勿体《もったい》なくも

【当《あ》たるべからざる】

誰も太刀打ちできないほど勢いが強い。★その騎士には当たるべからざる勢いがある。
●同じような意の言いまわし
向かう所敵なし

【仇《あだ》をなす】

人に危害を加える。わざわいする。★主君に仇をなす。


【跡《あと》をとどめる】

しるしを残す。★疲労の跡をとどめる。


【豈《あに》図《はか》らんや】

意外なことにも。思いがけなくも。▽「どうしてそのようなことが予期されただろうか」の意から。★豈図らんや、生きて再び会おうとは。
●同じような意の言いまわし
思い掛けなくも／図らずも／端無《はし》くも／*案に相違して／意外や意外

【危《あぶ》なげがない】

あぶないようすがない。★危なげがない勝ちっぷり。


【余《あま》り有《あ》る】

どんなに…しても十分にし尽くせない。さ

らにゆとりがある。★彼の悲しみは察するに余り有る。

【甘《あま》んずる】

それ以上を望まず満足する。仕方がないものとしてがまんする。★清貧に甘んずる。

●同じような意の言いまわし
気が済む／*以《も》って瞑《めい》すべし

【網《あみ》の目《め》を潜《くぐ》る】

法律や捜査にひっかからないようにしながら、悪事をはたらく。★法の網の目を潜る。

【過《あやま》たず】

思ったとおりに。ねらったとおりに。★過たず標的に当てる。

【文目《あやめ》も分《わ》かたぬ】

物の模様や形がはっきりしない。転じて、物事の道理が分からない。★文目も分かたぬ暗闇の洞窟。

●同じような意の言いまわし
分別《ふんべつ》がない

【荒肝《あらぎも》を拉《ひし》ぐ】

非常に驚かせ、怖がらせる。★暴君に荒肝を拉がれる。

●同じような意の言いまわし
荒肝を抜く／生き肝を抜く／度肝を抜く／一泡吹かせる

【争《あらそ》えない】

証拠となるものがはっきりとしていて、否定することや隠すことができない。★血筋は争えない。

●同じような意の言いまわし
*紛《まご》う方なし／動かぬ／*他ならない／*言うも愚か

【あらばこそ】

あるどころか、絶対にない。あるわけがない。▽「あるならばなあ」の意が転じて、強い打ち消しを表す。★遠慮もあらばこそ、ずかずかと部屋に上がりこんできた。

●同じような意の言いまわし
有り得べからざる

【有《あ》り体《てい》に言《い》う】

飾らずにありのままを言う。▽「有り体」は「有態」とも書く。★有り体に言えば、それは必要悪だ。

●同じような意の言いまわし
打ち明ける／腹を割って話す／腹心を布《し》く

【有《あ》るが儘《まま》】

今の状態のまま。そのまま。ありのまま。
★有るが儘を受け入れる。

【有《あ》ろう事《こと》か】

こんなことがあってよいものか。とんでもないことには。★有ろう事か、親友を裏切ってしまった。

●同じような意の言いまわし
有ろう事か有るまい事か

【哀《あわ》れを止《とど》める】

みじめさや不幸を一人で背負って、同情を集める。★哀れを止めたのは、親グマを撃たれた子グマの姿だった。

●同じような意の言いまわし
*見るに忍びない

【暗暗裏《あんあんり》に】

人に知られないうちに。いつのまにかひそかに。★暗々裏に事を運ぶ。

●同じような意の言いまわし
人知れず／内内に／内密に

【安逸《あんいつ》を貪《むさぼ》る】

何もしないでのんきに過ごす。気楽に暮らす。★束の間の安逸を貪る。

●同じような意の言いまわし
安閑と過ごす／*太平楽を並べる／暢気《のんき》に構える

【案《あん》ずるに】

考えてみると。▽「按ずるに」とも書く。★案ずるには及ばない。

●同じような意の言いまわし
思うに／*惟《おもんみ》るに

【案《あん》に相違《そうい》する】

予想がはずれる。考えていたことと違う。★案に相違して彼が一等だった。

●同じような意の言いまわし
案に違《たが》う／予想に反する／思いも寄らない

【暗黙裏《あんもくり》】

だまっていて何も言わないまま。暗黙のうちに。★暗黙裏に認められているルール。

い

【謂《いい》】
わけ。いわれ。…という意味。…ということ。▽「…の謂」の形で使われることが多い。★負けるが勝ちとは、正にこの謂である。

●同じような意の言いまわし
意／意味／わけ

【言《い》い得《え》て妙《みょう》】
実にうまく言い表したものだ。▽絶妙な表現をほめていう。★夫婦は合わせ鏡とは、言い得て妙だ。

●同じような意の言いまわし
*我が意を得たり

【言《い》い条《じょう》】
①主張すること。言い分。★彼の言い条はもっともだ。
②「…と(は)言い条」の形で、…とはいっても。…とはいうものの。★春とは言い条、まだ寒い。

●同じような意の言いまわし
言う定／言う条／とはいえ

【言《い》い添《そ》える】
言葉を付け加える。言い足す。★お礼の言葉を言い添える。

【言《い》い做《な》す】
①事実であるかのように言う。▽「做す」を「成す」と書くのは誤り。★彼女が犯人であるかのように言い做す。
②取り繕って言う。★うまく言い做して機嫌を取る。

●同じような意の言いまわし
言い繕う／言い包《くる》める

【謂《い》う所《ところ》の】
世間でいっているその。いわゆる。▽「所謂」の漢文訓読による語。★それは謂う所の常識である。

●同じような意の言いまわし
いわゆる

【言《い》うなれば】
言ってみるなら。言ってみれば。★言うなれば、ここは我々の要塞である。

●同じような意の言いまわし
言わば／いわゆる／たとえて言えば／換言すれば

【言《い》うも愚《おろ》か】
当然のことなので、言うのも馬鹿げている。★デートの時間に遅れると相手に失礼なのは、言うも愚かなことだ。

●同じような意の言いまわし
言うに及ばず／言うに及ばない／言うにや及ぶ／言うを俟《ま》たない／*言わずもがな

【家《いえ》を外《そと》にする】

家に落ち着いていることがない。外泊しがちである。★家を外にして遊んでばかりいる。

●同じような意の言いまわし
家を空ける／外泊する／留守にする

【怒《いか》り心頭《しんとう》に発《はっ》する】

激しく腹を立てる。▽「心頭」は心の中の意。★あの人は怒り心頭に発しているようだ。

●同じような意の言いまわし
激怒する／激昂する／腸《はらわた》が煮え繰り返る／*怒髪《どはつ》天を衝《つ》く

【如何《いかん》とも】

どうにも…できない。▽下に打ち消しの語を伴う。★このような状態では如何ともしがたい。

【生《い》きた空《そら》もない】

恐ろしさのあまり生きている心地がしない。★深い森の中で道に迷い、生きた空もない。

●同じような意の言いまわし
生きた心地もしない

【生《い》きとし生《い》けるもの】

この世に生きているものすべて。すべての生き物。★生きとし生けるものは、太陽の恵みを受けている。

●同じような意の言いまわし
森羅万象

【息《いき》の根《ね》を殺《ころ》す】

①息をこらえてじっとする。★草むらに隠れて息の根を殺す。
②殺す。★敵の息の根を殺す。

●同じような意の言いまわし
①息を凝らす／息を殺す／息を詰める
②息の根を止める

【生《い》き恥《はじ》を曝《さら》す】

生きながらえたため恥をかく。★生き恥を曝すくらいなら、死んだ方がましだ。

●同じような意の言いまわし
生き恥をかく

【委曲《いきょく》を尽《つ》くす】

事情などを詳しくはっきりさせる。説明などが詳しく行き届いている。★委曲を尽くした銘文。

●同じような意の言いまわし
詳《つまび》らかにする／嚙《か》んで含める／意を尽くす

【息《いき》を切《き》る】

せわしく、大きく息をする。▽「息を切らす」ともいう。★息を切って、かけつけた。

【息《いき》を呑《の》む】

驚いて思わず息が止まる。感動する。★異様な風景に息を呑む。
●同じような意の言いまわし
*声を呑む／肝を潰《つぶ》す／*胸を突く／舌を巻く

【幾何《いくばく》か】

わずか。★幾何かの蓄え。


【幾許《いくばく》も無《な》く】

日数・時間がいくらもたたず。ほどなく。間もなく。★幾許も無く到着した。


【委細《いさい》構《かま》わず】

どんな事情があっても気にせずに。★委細構わず話を進める。
●同じような意の言いまわし
遠慮なく／何がなんでも

【異彩《いさい》を放《はな》つ】

他よりきわだって優れている。★錆びた武器が異彩を放つ。
●同じような意の言いまわし
光彩を放つ／*精彩を放つ／水際立つ

【潔《いさぎよ》しとしない】

卑怯なこと恥ずべきこととして、自分の良心や誇りが許さない。★生きながらえることを潔しとしない。
●「潔い」意の言いまわし
未練気がない／正正堂堂／凜り凜りしい／竹を割ったよう

【些《いささ》かならず】

わずかではなく。ひどく。★些かならず疲労を感じる。
●同じような意の言いまわし
非常に／はなはだしく／大層／頗《すこぶ》る

【意地《いじ》張《ば》る】

自分の考えを押し通そうとする。意地を張る。★ささいなことで意地張るな。
●同じような意の言いまわし
意地になる／片意地を張る／依怙地《えこじ》になる

【異心《いしん》を挟《はさ》む】

謀反の気持ちを抱く。▽「異心」は、裏切ろうとする気持ちの意。★忠誠を誓った主君に異心を挟む。
●同じような意の言いまわし
逆心を抱く／他意を抱く／二心《ふたごころ》を抱く

【安《いず》んぞ】

どうして…であろうか。▽下に疑問・反語を表す語を伴う。★虎穴に入らずして安んぞ虎子を得ん。

【居住《いず》まいを正《ただ》す】

座っている姿勢を正しくする。★彼は緊張したように居住まいを正した。

●同じような意の言いまわし
居住まいを直す／威儀を正す

【至《いた》らなさ】

注意などが十分に行き届かないこと。また、経験・能力などが不足していること。未熟さ。★自分の至らなさを恥じる。

【一議《いちぎ》に及《およ》ばず】

議論をするまでもなく。みんなに相談するまでもなく。★一議に及ばず、承認される。

●同じような意の言いまわし
一議もなく／相談もなく

【一場《いちじょう》の夢《ゆめ》】

物事のはかないことのたとえ。▽「一場」はその場限りではかない意。★一場の夢に過ぎない人生。

●同じような意の言いまわし
一場の春夢《しゅんむ》／邯鄲《かんたん》の夢

【一度《いちど》ならず】

一度だけではなく。何度も。★この湖では美しい白鳥を一度ならず目撃している。

●同じような意の言いまわし
何遍も／*一再ならず

【一頓挫《いちとんざ》を来《きた》す】

順調だった物事の進み具合や勢いが一時行き詰まってしまう。★念入りに立てた計画が一頓挫を来す。

●同じような意の言いまわし
行き詰まる／暗礁に乗り上げる／立ち往生する

【一二《いちに》を争《あらそ》う】

二つのものが他にくらべて特にすぐれていて、第一位と第二位を争うほどに差がない。★剣の腕前は、この国で一二を争う。

【一分《いちぶん》が立《た》たない】

面目が立たない。名誉が保てない。▽「一分」を「いちぶ」と読むのは誤り。★道に迷い、リーダーとして一分が立たない。

●同じような意の言いまわし
面目を失う／体面を失う／顔が潰《つぶ》れる／面子《めんつ》が潰れる

【一脈相通《いちみゃくあいつう》ずる】

考え方や性質などが、どこか共通している。★彼とは一脈相通ずるものがある。

●同じような意の言いまわし
一脈通ずる／似通う

【一《いち》も二《に》もなく】
あれこれいうまでもなく。無条件に。★パーティーに招待され、一も二もなく参加した。

●同じような意の言いまわし
*二議に及ばず／時を移さず／すぐさま

【いっかな】
まったく。一向に。どうしても。▽「如何《かい》な」の促音便。下に打ち消しの語を伴う。★子ジカはいっかなそばを離れなかった。

●同じような意の言いまわし
いっかないっかな／一向に

【一家《いっか》を成《な》す】
①家庭をもつ。★放蕩息子もついに一家を成すに至った。
②学問や芸術の独自の権威となる。新しい流派を築く。★書画の世界で一家を成す。

●同じような意の言いまわし
一家を立てる／一家を構える／門戸を成す／*門戸を張る／一派を成す

【一気呵成《いっきかせい》】
ひといきに物事をすませること。▽特に、詩文を書き上げることをいう。★一気呵成に襲いかかる。

●同じような意の言いまわし
一気／一息《ひといき》

【一驚《いっきょう》を喫《きっ》する】
驚かされる。びっくりする。★子ウサギの俊敏な動きに一驚を喫する。

●同じような意の言いまわし
驚き入る／驚嘆する／驚愕《きょうがく》する／*息を呑む／肝を潰《つぶ》す

【一計《いっけい》を案《あん》じる】
一つのはかりごとを立てる。うまい策を立てる。★彼の同意を得るために一計を案じる。

●同じような意の言いまわし
企てる／画策する／目論《もくろ》む／秘策を練る

【一顧《いっこ》も与《あた》えず】
振り返っても見ない。考えてもみない。完全に無視する。▽「一顧」は、ちょっと振り返って見るの意。★一顧も与えず彼女は立ち去った。

●同じような意の言いまわし
一顧だにしない／目もくれない／見捨てる

【一再《いっさい》ならず】
一度や二度ではなく、何度も何度も。★一再ならず世話になる。

●同じような意の言いまわし
再再／度度《たびたび》／頻繁に／*一度ならず

【一札《いっさつ》を入《い》れる】

のちのちの証拠として誓約書などを差し出す。★のちのちのために一札を入れる。

●同じような意の言いまわし
一札入れる／一筆入れる

【一粲《いっさん》に供《きょう》する】

お笑いぐさまでに。自作の詩文を人に読んでもらうときに謙遜《けんそん》していう言葉。▽「粲」は清く白い意から、歯を出して笑うこと。★自作の詩文を世の一粲に供する。

●同じような意の言いまわし
一粲を博す／一笑に供する

【一盞《いっさん》を傾《かたむ》ける】

酒を飲む。▽「盞」はさかずきの意。★晩餐会で一盞を傾ける。

●同じような意の言いまわし
一献《いっこん》を傾ける

【一笑《いっしょう》に付《ふ》す】

つまらないことだと笑って問題にしない。★提案は一笑に付された。

●同じような意の言いまわし
笑い飛ばす／取り合わない／蔑《ないがし》ろにする

【一矢《いっし》を報《むく》いる】

強力な攻撃に対して、わずかでも反撃する。及ばずながら仕返しをする。▽一本の矢を射返す意から。★敵の攻撃に一矢を報いる。

●同じような意の言いまわし
反攻する／遣《や》り返す

【一世《いっせい》を風靡《ふうび》する】

ある時代に広く流行して影響を与える。▽「風靡」は、人々をなびき従わせる意。★一世を風靡した英雄。

●同じような意の言いまわし
*人口に膾炙《かいしゃ》する／ブームを巻き起こす

【一線《いっせん》を画《かく》する】

はっきりと区分けする。違いを明確にする。★彼女のダンスは他の人とは一線を画する。

●同じような意の言いまわし
けじめを付ける／線を引く／峻別《しゅんべつ》する

【一籌《いっちゅう》を輸《ゆ》する】

他より少し劣る。ひけをとる。相手に勝ちをゆずる。▽「籌」は勝負をするときの数をかぞえる道具で、「輸する」は負ける意。★戦士として一流の彼には一籌を輸する。

●同じような意の言いまわし
*人後に落ちる／*下風《かふう》に立つ

【言《い》ってみれば】

たとえて言うと。短く言うと。▽「謂ってみれば」とも書く。★言ってみれば彼は彼女に恋をしたのだ。

●同じような意の言いまわし
早い話が／いわゆる

【一頭地《いっとうち》を抜《ぬ》く】

多数の中で一段と高く優れている。▽頭の高さだけで抜きんでる意から。★彼の存在は一頭地を抜いている。

●同じような意の言いまわし
図抜ける／卓抜する／抽《ぬ》きんでる／群を抜く／*右に出る者が無い

【一敗地《いっぱいち》に塗《まみ》れる】

再起できないほど完全に負ける。★果敢に敵に立ち向かったが、一敗地に塗れる。

●同じような意の言いまわし
完敗を喫する／完膚無きまでに打ちのめされる

【一臂《いっぴ》の力《ちから》を貸《か》す】

わずかな力を与える。及ばずながら助力する。▽「貸す」は「仮す」とも書く。★懇願され一臂の力を貸す。

●同じような意の言いまわし
一肌脱ぐ／片肌脱ぐ／力になる／手を貸す

【異《い》とする】

変わったことと思う。妙なことのように感じる。★実力からすれば、戦いに勝利したことは何も異とするに足りないことだ。

●同じような意の言いまわし
奇妙に思う／奇異に感じる

【偉《い》とするに足《た》る】

十分に偉大であると思ってよい。ほめたたえる価値がある。★彼の功績は偉とするに足る。

●同じような意の言いまわし
尊敬に値する／称賛に値する

【否《いな》めない】

いやだといえない。否定することができない。★その可能性は否めない。

●同じような意の言いまわし
認めざるを得ない

【意《い》に介《かい》す】

ある物事について関心を持つ。▽多く、打ち消しの語を伴う。★姫は執事の言葉を全く意に介さなかった。

●同じような意の言いまわし
気にかける／心にとめる

【意《い》のある所《ところ》】

本当の気持ち。偽りのない胸のうち。★意のある所をお汲み取りください。

●同じような意のことば
本意／真意／本心／本音

【衣鉢《いはつ》を継《つ》ぐ】

師からその道の奥義を受け継ぐ。学問・技芸などを受け継ぐ。▽「衣鉢」を「遺鉢・遺髪」と書くのは誤り。★父の衣鉢を継ぐ。

●「受け継ぐ」意の言いまわし
継承する／相承する／伝授される

【意表《いひょう》に出《で》る】

相手が思ってもみないことをする。★彼女はしばしば意表に出るようなことをする。

●同じような意の言いまわし
意表を突く／*虚を衝《つ》っく／虚につけ込む／あっと言わせる

【意表《いひょう》を突《つ》く】

相手の思いもつかないようなことをする。★敵の意表を突く攻撃。

【威風辺《いふうあた》りを払《はら》う】

威厳があって、まわりの人を払いのけるかのようである。★王の存在は威風辺りを払う。

●同じような意のことば
威風堂堂／英姿颯爽《えいしさっそう》

【未《いま》だし】

まだその時期ではない。不十分である。未熟である。★寒梅つけしや未だしや。

●同じような意の言いまわし
時期尚早である

【今際《いまわ》の際《きわ》】

死に際。▽今はもうこれまでという時の意から。★今際の際に言い残した言葉。

●同じような意の言いまわし
死に際／往生際《おうじょうぎわ》／死に目

【いみじくも】

きわめて巧みに。適切に。立派に。▽形容詞「いみじ」の連用形から。★いみじくも儚い命を全うする。

【異名《いみょう》を取《と》る】

本名とは別の名前で呼ばれる。あだ名をつけられている。★王は暴君との異名を取る。

【苟《いやしく》も】

①仮にも。かりそめにも。万が一にも。★苟もリーダーのとる態度ではない。

②(下に打ち消しの語を伴って)いい加減にしない。疎かにしない。★一点一画苟もしない。

【射《い》るように】

矢で貫くように鋭い視線を向けるようす。★射るように見つめる。

【色《いろ》を失《うしな》う】

心に衝撃を受けて顔色が青ざめる。★敗戦の知らせに色を失う。

●同じような意の言いまわし
顔色を失う／顔面蒼白《そうはく》になる

【色《いろ》を正《ただ》す】

あらたまった顔つきをする。真剣な表情になる。★色を正して陳謝する。
●**同じような意の言いまわし**
真顔《まがお》になる／*居住《いず》まいを正す／姿勢を正す／威儀を正す

【色《いろ》をなす】

顔色を変えて怒る。憤然とする。★色をなして抗議する。
●**同じような意の言いまわし**
青筋を立てる／烈火のごとく怒る

【曰《いわ》く言《い》い難《がた》し】

物事がこみいっていて言葉では言い表せない。なんとも説明しにくい。★この味は曰く言い難しだ。
●**同じような意の言いまわし**
*筆舌《ひつぜつ》に尽くし難い／*名状し難《がた》い／言葉に余る

【言《い》わず語《かた》らず】

言葉に出さずに。何も言わないで。▽暗黙のうちに思いが伝わることをいう。★言わず語らずのうちに彼女とは心が通じた。
●**同じような意の言いまわし**
以心伝心

【言《い》わずもがな】

言わない方がいい。また、言う必要がない。言うまでもない。★言わずもがなのことを言う。
●**同じような意の言いまわし**
*言うも愚か／言うに及ばず／言うを俟《ま》たない

【謂《い》われない】

根拠がない。身に覚えがない。★謂われない非難を浴びせられる。


【況《いわ》んや】

まして。その上。なおさらのことに。▽漢文訓読の「況んや…(において)をや」から。★この辺りに住んでいる者さえ、道に迷うのだ。況んやよそ者においてをや。


【意《い》を致《いた》す】

用心する。また、心をこめてする。★敵の襲来に意を致す。


【意《い》を注《そそ》ぐ】

力を注ぐ。気持ちを集中する。★計画の実現に意を注ぐ。


【意《い》を体《たい》する】

他人の意志や考えを自分のものとして、それに従う。★主君の意を体して、交渉にあたる。

●同じような意の言いまわし
意を受ける／命《めい》を奉ずる

【異《い》を立《た》てる】

他人とちがう意見をだす。反対する。★各々が異を立て、議論がまとまらない。

●同じような意の言いまわし
*異を唱える／異議を唱える／反論する

【異《い》を唱《とな》える】

他人の意見に反対し、別の意見を主張する。★彼の提案に異を唱える。

●同じような意の言いまわし
*異を立てる／異議を唱える／異論を差しはさむ／反論する／反駁《はんばく》する

【意《い》を迎《むか》える】

人に気に入られるように振る舞う。人の言いなりになる。★隣国の王の意を迎える。

●同じような意の言いまわし
迎合する／追従する／胡麻《ごま》を擂《す》る／髭《ひげ》の塵《ちり》を払う

【因《いん》果《が》を含《ふく》める】

事情を言い聞かせて納得させる。やむを得ないことだとあきらめさせる。▽「因果」は仏教で、前世《ぜんせ》の行いによって現世の運命が決まること。★因果を含めて二人を別れさせる。

●同じような意の言いまわし
引導を渡す／観念させる

【殷《いん》鑑《かん》遠《とお》からず】

戒めとなる先例は身近なところにある。▽『詩経』にある言葉。殷の国が戒めとしなければならないよい手本(鑑)は、殷の前に暴政で滅んだ夏《か》の国である意から。★殷鑑遠からずというから、身近な例を探そう。

【慇懃《いんぎん》を通《つう》じる】

男女がひそかに関係を結ぶ★彼は美しい姫に慇懃を通じていた。

●同じような意の言いまわし
懇《ねんご》ろになる／情けを交わす

【咽喉《いんこう》を扼《やく》する】

要路や重要な場所を押さえる。▽のどもとを締めつける意から。★東西貿易の咽喉を扼する。

●同じような意の言いまわし
急所を押さえる

【員《いん》に備《そな》わるのみ】

一員として加わっているが、何の役にも立たない。★員に備わるのみの楽団員。

う

【窺《うかが》い知《し》る】

様子をのぞいて、大体のことを知る。見当をつける。★他人には窺い知ることのできない悩み。

●同じような意の言いまわし
窺知《ちき》する／垣間《かいま》見る

【憂《う》き身《み》を窶《やつ》す】
①つらくてやせるほど思い悩む。★創作に憂き身を窶す。
②身が細るほど物事に熱中する。★道楽に憂き身を窶す。

●同じような意の言いまわし
①②身を砕く／骨身を削る
②現《うつつ》を抜かす／血道を上げる／我を忘れる

【有《う》卦《け》に入《い》る】

巡り合わせがよくなる。調子にのる。幸運に恵まれる。▽「有卦」は、陰陽道《おんようどう》で、幸運の年回りのこと。★すべてが思い通りになった彼女は有卦に入っている。

●同じような意の言いまわし
運が向いてくる／運がついてくる

【嘘《うそ》で固《かた》める】

うそばかりで話を作る。★嘘で固めた論文。


【疑《うたが》いを挟《はさ》む】

物事に疑いをもつ。▽「挟む」は「挿む」とも書く。★彼の言動に疑いを挟む。

●同じような意の言いまわし
疑問を感じる／首を傾《かし》げる／小首を傾げる

【転《うた》た】

ますます。いよいよ。甚だしく。非常に。★転た今昔の感に堪えない。


【内兜《うちかぶと》を見透《みす》かす】

相手の隠したい秘密や弱点などを見抜く。内部事情をつかむ。▽「内兜」は「内冑」とも書く。★相手の内兜を見透かす。

●同じような意の言いまわし
内兜を見る／眉毛を読む／尻尾《しっぽ》を摑《つか》む／腹を見抜く／足下《あしもと》を見る

【宜《うべな》う】

なるほどと思って同意する。承諾する。認める。▽「諾う・肯う」とも書く。★現状を宜い、作戦を考えよう。

●同じような意の言いまわし
肯《うけが》う／＊肯《がえ》んずる／首肯《しゅこう》する

【倦《う》まず撓《たゆ》まず】

途中で投げ出したり怠けたりせずに、努力し続けるさま。▽副詞的に用いる。★倦まず撓まず精進し、武道を極める。

●同じような意の言いまわし
身を粉《こ》にして／水火を辞せず

【烏有《うゆう》に帰《き》す】

火災などで何も残らず燃えてしまう。▽「烏有」は「烏《いずく》んぞ有らんや」という反語で、何もない意。★大火事で家財は全て烏有に帰した。

●同じような意の言いまわし
*灰燼《かいじん》に帰す／全焼する／すべてが灰になる

【恨《うら》み骨髄《こつずい》に徹《てっ》す】

恨みが骨髄までしみとおる。ひどく恨む。▽「恨み」は「怨み」とも書く。★彼の恨み骨髄に徹するのも無理ならぬことである。

●同じような意の言いまわし
恨み骨髄に入る／倶《とも》に天を戴《いただ》かず／*修羅《しゅら》を燃やす

【憾《うら》むらくは】

残念なことには。惜しいことには。▽「恨むらくは・怨むらくは」とも書く。★憾むらくはもう時間がない。

●同じような意の言いまわし
*惜しむらくは／遺憾ながら

【蘊蓄《うんちく》を傾《かたむ》ける】

持てる知識のすべてを動員する。▽「蘊蓄」は、積みたくわえた知識の意。★村の長老が古酒について蘊蓄を傾ける。

●同じような意の言いまわし
知識を披露する／識見を述べる

【云云《うんぬん》】

①重要な言葉を示したあと、それに続く言葉を省略するときに使う語。★明日天気になったら云云。
②他人の言動についてとやかく言うこと。▽②は多く、「云云する」の形で用いられる。★結果を云云するのはよそう。

●同じような意の言いまわし
①かくかく／しかじか

【蘊奥《うんのう》を極《きわ》める】

学問や芸術などの奥深いところに達する。本質をつかむ。▽「蘊奥」は「うんおう」とも読む。「極める」は「究める」とも書く。★芸の蘊奥を極める。

●同じような意の言いまわし
奥義をきわめる／妙諦《みょうてい》をつかむ

【運《うん》の尽《つ》き】

よい運が尽きること。★怪しいもうけ話に乗ったのが運の尽き。

え

【得《え》たり賢《かし》こし】

予想どおりになってありがたい。うまくいった。▽多く、「得たり賢しと（ばかり）」の形で用いる。★得たり賢しとばかり攻め立てる。
●同じような意の言いまわし
得たりや賢し／*得たりや応／しめしめ／してやったり

【得《え》たりや応《おう》】

うまくいったぞ、さあ。▽「得たりや応と（ばかり）」の形で、物事がうまくいったときに発する喜びの掛け声。★得たりや応とばかり彼女は一歩前に進み出た。
●同じような意の言いまわし
*得たり賢し／してやったり／しめたぞ

【悦《えっ》に入《い》る】

よいことがあって、うれしくなる。満足してひとり喜ぶ。★ひとり悦に入っている。
●同じような意の言いまわし
*笑壺《えつぼ》に入《い》る／ほくそ笑む／喜悦する

【笑《え》壺《つぼ》に入《い》る】

思いどおりになったことを喜ぶ。★秘宝を手に入れ笑壺に入る。
●同じような意の言いまわし
*悦に入る／ほくそ笑む／嬉嬉とする／喜色を浮かべる

【謁《えっ》を通《つう》ずる】

身分の高い人と会えるよう、取り次ぎを頼む。★謁を通じ、王にまみえる。
●同じような意の言いまわし
拝謁を乞《こ》う

【えならぬ】

なんとも言えないほど、優れている。★えならぬ美しさに息をのむ。
●同じような意の言いまわし
えならず／*えも言われぬ／*名状し難《がた》い／言葉に余る

【えも言《い》われぬ】

言いようもなく、すばらしい。★えも言われぬよい香りが漂う。
●同じような意の言いまわし
えも言われず／*えならぬ／*曰《いわ》く言い難し／*名状し難《がた》い

【選《えら》ぶ所《ところ》がない】

他のものとくらべて差がない。別段のちがいはない。★子供のかいた絵と選ぶ所がない。
●同じような意の言いまわし
似たり寄ったり／団栗《どんぐり》の背比べ／五十歩百歩

【襟《えり》を正《ただ》す】

いい加減な態度を改める。気を引き締める。▽衣服の乱れを直す意から。★襟を正して話を聞く。

●同じような意の言いまわし
姿勢を正す／威儀を正す／*居住《いず》まいを正す

【猿臂《えんぴ》を伸《の》ばす】

腕を長く伸ばす。▽「猿臂」は猿のように長いひじの意。★猿臂を伸ばして子供の手をつかんだ。


【遠慮《えんりょ》がち】

他人に対して態度や言葉が控えめなようす。★遠慮がちな態度。


【冤《えん》を雪《そそ》ぐ】

ぬれぎぬを晴らす。▽「冤」は、無実の罪の意。★兄の冤を雪ぐ。

●同じような意の言いまわし
嫌疑《けんぎ》を晴らす

お

【追《お》いつ追《お》われつ】

追ったり追われたりするようす。優勢と劣勢を繰り返すようす。★追いつ追われつの大接戦。


【老《お》いも若《わか》きも】

老人も若者も。★老いも若きも声を上げる。


【怏怏《おうおう》として楽《たの》しまず】

不平や不満のために、気持ちがふさいで元気が出ない。★怏怏として楽しまず、いつも不機嫌な顔をしている。


【応接《おうせつ》に暇《いとま》がない】

次々に人が来たり物事が起きたりして、非常に忙しい。▽「暇」は「遑」とも書く。★相次ぐ来客で応接に暇がない。

●同じような意の言いまわし
目が回る／きりきり舞い／天手古《てんてこ》舞い／席の温まる暇もない

【犯《おか》し難《がた》い】

そこねたり干渉したりすることができそうにない。▽多く、威厳や気品などについていう。★犯し難い威厳がある。

●同じような意の言いまわし
近寄り難い／辺《あた》りを払う

【措《お》く能《あた》わず】

やめることができない。…せずにはいられない。★感嘆措く能わず。


【臆面《おくめん》もなく】

恥ずかしげな様子や遠慮する様子もなく。ずうずうしく。▽「臆面」を「憶面」と書くのは誤り。★自分は一番の勇者だと何の臆面もなく言う。

●同じような意の言いまわし
しゃあしゃあと／ぬけぬけと／のめのめと／*怖《お》めず臆せず

【烏滸《おこ》の沙汰《さた》】

愚かな行為。ばかげた仕業。また、差し出がましいこと。▽「烏滸」は「尾籠・痴」とも書く。★姫に愛を告白するなど烏滸の沙汰だ。

●同じような意の言いまわし
烏滸がましい／*愚《ぐ》にも付かない／話にならない

【推《お》して知《し》るべし】

考えてみたらたやすく分かる。想像するだけで分かる。★結果は推して知るべしだ。


【惜《お》しむらくは】

惜しいことには。残念なことには。★勇気ある彼だが、惜しむらくは才知に欠ける。

●同じような意の言いまわし
*憾《うら》むらくは／残念ながら／遺憾ながら

【遅《おそ》きに失《しっ》する】

遅すぎて間に合わない。★ようやく到着したものの、遅きに失した。

●同じような意の言いまわし
時機を失する／機を逸《いっ》する／手遅れになる／*機を失する

【怖気《おぞけ》を震《ふる》う】

恐ろしさにからだを震わせる。★奇怪な生物の出現に怖気を震う。

●同じような意の言いまわし
怖気《おぞけ》立つ／身の毛が弥立《よだ》つ／肝《きも》を冷やす

【御為《おため》ごかし】

人のためにするように見せかけて、本当は自分の利益のためにすること。★御為ごかしを言う。

●同じような意の言いまわし
親切ごかし

【己《おのれ》を虚《むな》しゅうする】

自分の感情を捨てて、控え目で素直な気持ちになる。★己を虚しゅうして戦いに臨む。

●同じような意の言いまわし
私心を去る／私情を捨てる／虚心坦懐《きょしんたんかい》

【尾《お》羽《は》打《う》ち枯《か》らす】

落ちぶれてみすぼらしい姿になるたとえ。▽鷹の尾羽が傷ついてみすぼらしくなる意から。★尾羽打ち枯らして、友に援助を頼む。

●同じような意の言いまわし
成り下がる／成り果てる／零落する／窶《やつ》れる

【お見《み》知《し》り置《お》き】

見て覚えておくこと。顔見知りになること。▽初対面のあいさつのことばとして使う。★以後お見知り置きください。

【汚《お》名《めい》を雪《そそ》ぐ】

身に受けた恥や悪い評判をぬぐい去る。▽「汚名を挽回する」とは言わない。★汚名を雪ぐために奔走する。

●同じような意の言いまわし
恥を雪ぐ／汚名を返上する／名誉を挽回する／面目を保つ

【怖《お》めず臆《おく》せず】

少しも気後れしないで。ひるむことなく堂々と。★怖めず臆せず、少年は自分の意見を述べた。

●同じような意の言いまわし
平気の平左で／*憶面もなく／ぬけぬけと

【思《おも》い定《さだ》める】

しっかりと心にきめる。固く決心する。★一生の伴侶と思い定める。

【思《おも》い半《なか》ばに過《す》ぎる】

思い当たるところがある。おのずから分かる。★どんなにつらかったか、思い半ばに過ぎるものがある。

●同じような意の言いまわし
思い当たる節がある

【思《おも》い做《な》しか】

そう思ってみるからか。▽「思い做し」は、そうと決め込んで考えること。★思い做しか、彼はたくましくなったようにみえる。

●同じような意の言いまわし
心做しか／気のせいか

【思《おも》いに駆《か》られる】

強く、ある気持ちにさせられる。★故郷へ帰りたいという思いに駆られる。


【思《おも》いも及《およ》ばない】

思ってみることもできない。思いつかない。▽「思い及ばない」ともいう。★子供は大人の思いも及ばない行動をとるものだ。


【思《おも》いを抱《いだ》く】

ある思いを心の中に持つ。★苦々しい思いを抱く。


【思《おも》いを馳《は》せる】

遠く離れている物事についてあれこれと考える★異国に思いを馳せる。

●同じような意の言いまわし
思いを致す／思いを巡らす／思い描く

【面《おもて》を犯《おか》す】

人に逆らう。相手の意にそむいてまでもいさめる。▽「犯す」は「冒す」とも書く。★主君の面を犯す。

●同じような意の言いまわし
顔色を犯す／*異を唱える

【思《おも》わず知《し》らず】

意識することなく。いつの間にか。▽副詞的に用いる。★思わず知らず涙が頬を伝った。

●同じような意の言いまわし
我とはなしに／我にもなく／我知らず／知らず知らず

【慮《おもんぱか》る】

物事がうまくいくように、考えをめぐらす。▽「おもんばかる」とも読む。★相手の立場を慮る。

●同じような意の言いまわし
*惟《おもんみ》る／心を配る／気を遣う／千思万考する

【惟《おもんみ》る】

あれこれと考える。よくよく考える。▽「おもいみる」の音便。多く、「惟るに」の形で副詞的に用いられる。★将来の自分の姿を惟る。

●同じような意の言いまわし
思い巡らす

【及《およ》びもつかない】

差がありすぎて、到底追いつけない。とてもかなわない。★人徳者である父に、私などは及びもつかない。

●同じような意の言いまわし
及び難い／足元にも及ばない／太刀打ちできない

【終《お》わりを告《つ》げる】

それまで続いてきたものが終わる。ある時代や期間が終わる。★終わりを告げた恋。

●同じような意の言いまわし
幕を閉じる／終結する／終息する／完結する

か

【骸《がい》骨《こつ》を乞《こ》う】

主君に辞職・退官を願い出る。▽捧げたわが身の骨を返して欲しいと願い出る意。★主君に骸骨を乞う。

●同じような意の言いまわし
辞意を奏上する／印綬《いんじゅ》を解く

【快《かい》哉《さい》を叫《さけ》ぶ】

痛快だと声をあげる。▽「快哉」は快なるかなの意で、非常に愉快な気持ちをいう。★思わず快哉を叫ぶ。

●同じような意の言いまわし
愉快がる／*溜飲《りゅういん》が下がる／痛快至極

【灰《かい》燼《じん》に帰《き》す】

燃えてあとかたもなくなる。火事ですべて焼けてしまう。▽「灰燼」は、はいと燃え残りの意。★多数の武器が灰燼に帰した。

●同じような意の言いまわし
*烏有《うゆう》に帰す／全焼する／焼尽する／丸焼けになる

【会《かい》心《しん》の笑《え》み】

自分の思いどおりになったことに満足して、思わず浮かぶほほえみ。▽「会心」を「快心」と書くのは誤り。★会心の笑みを漏らす。

●同じような意の言いまわし
*相好を崩す／破顔一笑する／ほくそ笑む

【咳《がい》唾《だ》珠《たま》を成《な》す】

さりげなく出た言葉がたまのように美しい。▽「晋書《しんじょ》」にある言葉で、詩文の才能が豊かであることをいう。「咳唾」は、せきとつばきの意で、他人の言葉を敬っていう語。★彼女はまさに咳唾珠を成すごとく詩を口ずさむ。

【外《がい》聞《ぶん》を憚《はばか》る】

内部のことが外に知られることをおそれる。▽「外聞」は世間の評判、聞こえの意。★外聞を憚る話。

●同じような意の言いまわし
世間体を気にする

【顧《かえり》みて他《た》を言《い》う】

返答に困ったときなどに、話題をそらせてごまかす。★詰問され、顧みて他を言う。

●同じような意の言いまわし
左右を顧みて他を言う／顧みて他事を説く／お茶を濁《にご》す

【肯《がえ》んずる】

人の言うことを聞き入れる。承知する。★頑として肯んじない。

●同じような意の言いまわし
*宜《うべな》う／首肯《しゅこう》する／諾《だく》する

【顔色《かおいろ》をうかがう】

相手の表情から、心の動きをうかがう。★相手の顔色をうかがう。


【顔色《かおいろ》を変《か》える】

驚いたり怒ったりした気持ちの変化が表情に現れるようす。★思わぬ知らせに顔色を変える。


【顔《かお》に紅葉《もみじ》を散《ち》らす】

恥じらって顔を赤らめる。▽とくに、若い女性にいう。★彼の質問に、彼女は顔に紅葉を散らして答えた。

●同じような意の言いまわし
紅葉を散らす／頰を染める／赤面する／顔面を紅潮させる

【顔《かお》をしかめる】

不快な気持ちを表すために、顔にしわを寄せる。表情をゆがめる。★あまりの痛さに顔をしかめる。


【顔《かお》を潰《つぶ》す】

面目を失わせる。名誉を傷つける。★親の顔を潰す。


【拘《かかず》り合《あ》う】

面倒なことに関係する。くだらないことにこだわる。▽「かかずらう」ともいう。★煩わしいことに拘り合う気はない。


【佳境《かきょう》に入《い》る】

物事が進行して最も興味深い部分にさしかかる。いよいよ面白くなってくる。▽「佳境」を「佳興」と書くのは誤り。★話が佳境に入る。

●同じような意の言いまわし
興趣が募る

【限《かぎ》りではない】

その範囲に当てはまらない。★保証の限りではない。


【斯《か》く言《い》う】

このように言う。こう言っている。★もっと健康に留意すべきだ。斯く言う私も不摂生だが。


【隔世《かくせい》の感《かん》】

時代が大きくへだたってしまったという感じ。★隔世の感を禁じ得ない。


【掛《か》け構《かま》いない】

気にかけない。かかわり合いがない。関係ない。★彼女のきつい言葉など掛け構いなく、彼は朗らかに笑った。
●同じような意の言いまわし
こだわらない／かかわりない

【影《かげ》を落《お》とす】
①光を投げかける。★月が湖面に影を落とす。
②影法師を他の物の上に現す。★湖面に雲が影を落とす。
③好ましくない影響が及ぶ。★戦争が人々の生活に影を落とす。
●同じような意の言いまわし
影が射す／②差し響く

【頭《かしら》立《だ》つ】

ある集団の上位にいる。★頭立った人々を招集する。
●同じような意の言いまわし
人の上に立つ

【数《かず》を尽《つ》くす】

すべてに渡ってする。何もかも残らずやり遂げる。▽多く、「数を尽くして」の形で用いる。★数を尽くして植えられた苗木。
●同じような意の言いまわし
限りを尽くす

【忝《かたじけな》い】

ありがたい。もったいない。▽「辱い」とも書く。★まことに忝く存じます。
●同じような意の言いまわし
感謝に堪《た》えない／有り難い／畏《おそ》れ多い

【形《かたち》の上《うえ》では】

体裁上は。形式的には。★形の上ではリーダーだ。


【語《かた》るに落《お》ちる】

話しているうちに、隠すつもりのことをつい話してしまう。★彼には秘め事があったが、語るに落ちた。
●同じような意の言いまわし
尻尾《しっぽ》を出す／*馬脚を露《あらわ》す／隠すより

現る／口が滑る

【勝《か》ちに乗《じょう》じる】

勝ってさらに勢いづく。勝利を好機とする。★勝ちに乗じて一気に攻める。

●同じような意の言いまわし
勝ちに乗る／弾《はず》みがつく

【火中《かちゅう》の栗《くり》を拾《ひろ》う】

他人の利益のためにわざわざ危険を冒すたとえ。▽ラ＝フォンテーヌの寓《ぐう》話《わ》から。★たとえ火中の栗を拾うことになろうとも、親友を助けたい。

●同じような意の言いまわし
危ない橋を渡る／*虎の尾を踏む

【勝《か》ちを拾《ひろ》う】

勝負にあやうく勝つ。★相手のミスで勝ちを拾う。


【格好《かっこう》が付《つ》く】

体裁が整う。形式だけは整う。★普段着では格好が付かない。


【喝采《かっさい》を博《はく》する】

多くの人の称賛の声を浴びる。やんやとほめそやされる。★彼の演説は喝采を博した。

●同じような意の言いまわし
拍手喝采を浴びる／絶賛を博する

【勝手《かって》知《し》ったる】

どこに何があるかなど、その場のことをよく知っているようす。★勝手知ったる他人の家。


【刮目《かつもく》して待《ま》つ】

人の進歩などをおおいに期待すること。▽「刮目」は目をこすって注意深く見る意。★親友との再会を刮目して待つ。

●同じような意の言いまわし
刮目に値する／刮目して見る可《べ》し

【糅《か》てて加《くわ》えて】

悪いことに悪いことが重なって。▽「糅てる」は、混ぜ合わせる意。★戦いで負傷し、糅てて加えて病魔に冒された。

●同じような意の言いまわし
それに輪を掛けて／おまけに

【鼎《かなえ》の軽重《けいちょう》を問《と》う】

権力者・権威者の実力を疑う。また、疑ってその地位を奪おうとする。▽楚《そ》の荘王が周王室の宝である九鼎《きゅうてい》の重さをたずねた故事から。〈春秋左氏伝〉★王が鼎の軽重を問われる。


【金棒《かなぼう》引《ひ》き】

ささいなことをおおげさに言いふらす人。

人のうわさをして歩く人。▽「金棒」は「鉄棒」とも書く。★村で鼻つまみ者の金棒引き。

【金《かね》の轡《くつわ》を食《は》ます】

わいろを贈って口を封じる。▽「金轡」は、わいろの金品の意。★金の轡を食まして反対意見を封じる。

●同じような意の言いまわし
金轡《かなぐつわ》を嵌《は》める／鼻薬を嗅《か》がせる／口止めする

【金《かね》の草鞋《わらじ》で捜《さが》す】

根気よく捜し求めるたとえ。▽金属の草鞋はいくらはいて歩いてもすりきれない意から。★理想の恋人は金の草鞋で捜せ。

●同じような意の言いまわし
金《かね》の足駄《あしだ》で尋ねる／草の根を分けて捜す

【下風《かふう》に立《た》つ】

人より低い地位に身を置く。他人の支配に甘んじる。★人の下風に立つを潔しとしない。

●同じような意の言いまわし
風下《かざしも》に立つ／後《おく》れを取る／引けを取る

【頭《かぶり》を振《ふ》る】

頭を左右に振って拒む。承知しない。打ち消す。否定する。★頭を振って拒む。

●同じような意の言いまわし
首を横に振る／外方《そっぽ》を向く／撥《は》ね付ける／突っ撥《ぱ》ねる

【寡聞《かぶん》にして】

知るところが少なくて。▽自分の知識が足りないことを謙遜していう。「寡聞」は見聞が少ない意。★寡聞にして存じません。

●同じような意の言いまわし
浅学非才で／不案内で

【構《かま》えて】

決して。必ず。気を配って。▽多く、下に打ち消し・禁止の語を伴う。★構えて彼女を近づけるな。

●同じような意の言いまわし
心して／大事を取って

【辛《から》くも】

かろうじて。やっとのことで。★辛くも勝利した。

●同じような意の言いまわし
既《すんで》の所／危うく

【体《からだ》を許《ゆる》す】

女性が男性と肉体関係をもつ。▽「肌を許す」ともいう。★恋人に体を許す。

【柄《がら》にもない】

立場・地位・性質にふさわしくない。柄でもない。★柄にもないことを行う。

【駆《か》られる】

気持ちが強く動かされる。★不安に駆られる。
●同じような意の言いまわし
駆り立てられる／取り憑《つ》かれる

【かるが故《ゆえ》に】

というわけだから。それゆえに。▽「かくあるが故に」の略。★かるが故に極楽と名づく。


【我《が》を折《お》る】

他人の説得などに従って、自分の意志を変える。主張を取り下げる。▽「我を張る」の対。★ついに我を折る。
●同じような意の言いまわし
我意を曲げる／譲歩する

【我《が》を立《た》てる】

自分の考えを強く押し通す。★彼はいつも我を立てる。
●同じような意の言いまわし
我を張る／強情を張る／鼻っ柱が強い／片意地を張る／依怙地《えこじ》になる

【駕《が》を枉《ま》げる】

貴人が身分の低い者をわざわざ訪ねる。▽相手の訪問を敬っていう言葉。乗り物の方向を変えて立ち寄る意から。★駕を枉げて来臨す。
●同じような意のことば
ご来臨／ご光来／ご来駕

【考《かんが》え倦《あぐ》ねる】

いくら考えてもわからず困る。いやになるほど考える。かんがえあぐむ。★何をすべきか考え倦ねる。


【鑑《かんが》みる】

先例や模範に照らして考える。★先例に鑑みる。
●同じような意の言いまわし
惟《おもんみ》る

【干戈《かんか》を交《まじ》える】

戦争する。交戦する。▽干《たて》と戈《ほこ》を武器としてたたかう意から。「干戈を納める」の対★隣国と干戈を交える。
●同じような意の言いまわし
干戈を動かす／戦火を交える／兵を挙げる／兵を構える

【汗顔《かんがん》の至《いた》り】

恥ずかしい限りである。▽「汗顔」は、恥ずかしくて顔に汗をかくこと。★大人げない行動をしてしまい、汗顔の至りだ。
●同じような意の言いまわし
赤面の至り／冷汗三斗《れいかんさんと》の思い

【緩《かん》急《きゅう》宜《よろ》しきを得《え》る】

その場に応じて適切な対応をすること。★緩急宜しきを得る決断。

【雁《がん》首《くび》を揃《そろ》える】

何人かの人が揃う。▽「雁首を並べる」ともいう。★雁首を揃えて一体何の用だ。

【眼《がん》光《こう》紙《し》背《はい》に徹《てっ》する】

紙の裏側まで見通すほど深く文意を読みとる。読解力が鋭い。★眼光紙背に徹するという意気込み。

●同じような意の言いまわし
眼《がん》紙背に透《とお》る／*行間を読む

【閑《かん》日《じつ》月《げつ》を送《おく》る】

ひまな月日をのんびりと過ごす。▽「閑日月」は、ゆったりと落ち着けるひまな日々の意。★悠々と閑日月を送る。

●同じような意のことば
悠悠自適／晴耕雨読

【顔《がん》色《しょく》無《な》し】

恐れや驚きのため顔が青ざめる。相手に圧倒されるさま。★敵の完璧な作戦に顔色無し。

●同じような意の言いまわし
顔色を失う／*色を失う／身の毛が弥立《よだ》つ／*怖《おぞ》気《け》を震う

【歓《かん》心《しん》を買《か》う】

気に入られようと努力する。機嫌をとる。★上役の歓心を買う。

●同じような意の言いまわし
*意を迎える／*媚《こび》を売る／胡麻《ごま》を擂《す》る／髭《ひげ》の塵《ちり》を払う

【冠《かん》せられる】

有名な、または象徴的なことばを、上につけられる。★大統領の名が冠せられる空港。

【間《かん》然《ぜん》する所《ところ》がない】

完全で非難するところがない。完璧である。▽「間然」はとがめられるような欠陥がある意。★理路整然として間然する所がない。

●同じような意の言いまわし
一点非の打ち所がない／*非の打ち所がない／申し分がない

【肝《かん》胆《たん》を砕《くだ》く】

精根を傾ける。あらゆる力をふりしぼる。▽「肝胆」は肝臓と胆嚢《たんのう》のことで、心の意。★計画の実現に肝胆を砕く。

●同じような意の言いまわし
心肝を砕く／肺肝を砕く／身を粉《こ》にする／脳漿を絞る

【眼《がん》底《てい》を払《はら》う】

心の中にあるものがすっかり消え去る。▽眼の奥底に焼き付いたものを払い去る意から。★刹那に眼底を払って消え去った。

【感《かん》に堪《た》える】

非常に感動する。▽「感に堪えない」から打ち消しの「ない」を省いた語。同じ意味で用いられる。★感に堪えて見る。

●同じような意の言いまわし
感に堪えない／感極まる／胸に迫る

【観念《かんねん》の臍《ほぞ》を固《かた》める】

もうだめだとあきらめる。覚悟する。▽「観念」はあきらめ、「臍を固める」は固く決心する意。★もはやこれまでと観念の臍を固める。

●同じような意の言いまわし
観念の眼を閉じる

【官能的《かんのうてき》】

肉体的な快感をそそるようす。性的感覚を刺激するようす。肉感的。肉欲的。★官能的な舞踊。

【間髪《かんぱつ》を容《い》れず】

まったく間をおかずに、ほとんどその瞬間に。▽「容れず」は「入れず」とも書く。★質問に間髪を容れず答えた。

●同じような意の言いまわし
瞬《またた》く間に／あっと言う間に

【完膚《かんぷ》無《な》きまでに】

ひどく徹底的に。▽皮膚に無傷の部分がなくなるまでの意から。★完膚無きまでにやっつける。

●同じような意の言いまわし
遺憾なく／十二分に

【閑話休題《かんわきゅうだい》】

さて、本題にかえって。ところで。▽余談から話を本筋に戻すときに用いる言葉。★閑話休題、そろそろ本題に入ろう。

●同じような意の言いまわし
それはさておき

【款《かん》を通《つう》ずる】

よしみをむすぶ。敵に内通する。★ひそかに款を通ずることとなった。

●同じような意の言いまわし
*誼《よしみ》を通じる／*気脈を通じる

【歓《かん》を尽《つ》くす】

大いに喜ぶ。この上なく楽しむ。★友と一夕の歓を尽くす。

●同じような意の言いまわし
歓をともにする／満喫する

【利《き》いた風《ふう》】

いかにものの分かったような生意気な態度をとるさま。★利いた風なことを言うな。

●同じような意の言いまわし
知ったかぶり／生意気／小賢《こざか》しい／半可通

【奇《き》貨《か》居《お》くべし】

好機を逃してはならない。▽「奇貨」は珍しい品物のことで、掘り出し物は手もとにとっておいて利用すべきであるの意。秦の呂《りょ》不韋《ふい》の故事から。〈史記〉 ★奇貨居くべし、チャンスは逃すな。

【気《き》が差《さ》す】

自分のしたことが何となく気になる。やましい気持ちになる。★不義理をしたので、気が差す。

●同じような意の言いまわし
気が咎《とが》める／後ろめたい／寝覚めが悪い

【忌《き》諱《き》に触《ふ》れる】

目上の人の忌み嫌うことを言ったり行ったりして、その人の機嫌を損なう。▽「忌諱」は「きい」とも読む。★王の忌諱に触れる。

●同じような意の言いまわし
*逆鱗《げきりん》に触れる

【機《き》嫌《げん》気《き》褄《づま》を取《と》る】

相手に気に入られるようにはたらきかける。▽「機嫌をとる」に着物の「褄《つま》を取る」の「取る」をかけて口調を整えた言葉。★彼女の機嫌気褄を取る。

●同じような意の言いまわし
機嫌を取る／*歓心を買う／髭《ひげ》の塵《ちり》を払う

【聞《き》こえが高《たか》い】

世間での評判がよい。★秀才の聞こえが高い。

●同じような意の言いまわし
世の覚えがめでたい／受けがいい／株が上がる

【騎《き》虎《こ》の勢《いきお》い】

途中では止まらないほど激しい勢いのたとえ。▽疾走する虎の背に乗っているものは途中で降りられないことから。〈隋書〉 ★騎虎の勢いで出た言葉。

●同じような意の言いまわし
物の勢い／物の弾《はず》み／決河《けっか》の勢い／破《は》竹《ちく》の勢い

【疑《ぎ》心《しん》暗《あん》鬼《き》を生《しょう》ず】

疑いの心で見ればなんでもないことも恐ろしく感じられて、不安になる。▽疑いの心を持つとこの世にいるはずのない鬼の姿が現れる意から。〈列子〉 ★疑心暗鬼を生ずで、仲間を疑う。

●同じような意の言いまわし
疑えば目に鬼を見る

【技神《ぎしん》に入《い》る】

あまりに巧みで人間のしたこととは思えないほどである。★技神に入る腕前。

●同じような意の言いまわし
神業である／入神の域に達す

【鬼籍《きせき》に入《い》る】

死亡する。▽「鬼籍」は、寺で、死者の姓名・戒名・死亡年月日などを記す帳面。過去帳。★友は志半ばにして鬼籍に入ってしまった。

●同じような意の言いまわし
息を引き取る／亡き数に入る／不帰《ふき》の客となる／黄泉《こうせん》の客となる／*幽明《ゆうめい》境を異《こと》にする／*空しくなる

【機先《きせん》を制《せい》する】

相手よりさきに行動を起こして優位に立つ。▽「機先」はいまや物事が起ころうとする直前の意。★機先を制して攻勢に出る。

●同じような意の言いまわし
出鼻を挫《くじ》く／先手を打つ／先手を取る

【驥足《きそく》を展《の》ばす】

優れた人物がその才能を十分に発揮する。▽「驥足」は駿馬《しゅんめ》の脚力の意で、優れた才能のたとえ。★驥足を展ばす活躍ぶりを見せる。

●同じような意の言いまわし
本領を発揮する

【危殆《きたい》に瀕《ひん》する】

非常に危険な状態に直面している。危うい状態にある。★経済は危殆に瀕している。

●同じような意の言いまわし
足下に火が付く／眉《まゆ》に火《ひ》が付《っ》く／*累卵の危うき

【来《きた》るべき】

近いうちに来るはずの。★来るべき情報化社会に備える。

【機《き》に乗《じょう》じる】

うまく機会を利用して行動する。時機をつかんで流れに乗る。★機に乗じて攻め込む。

●同じような意の言いまわし
好機を捕える／機に投じる／*奇貨居《お》くべし

【踵《きびす》を返《かえ》す】

引き返す。後戻りする。▽「踵」は「くびす」とも読む。★彼女は踵を返して立ち去った。

●同じような意の言いまわし
*踵を回《めぐ》らす

【踵《きびす》を接《せっ》する】

多くのことが次々と起こるさま。▽「踵」は「くびす」とも読む。★踵を接して事件が続く。
●同じような意の言いまわし
相次ぐ／止め処《ど》なく／引きも切らず

【踵《きびす》を回《めぐ》らす】

後ろを向く。引き返す。▽「踵」は「くびす」とも読む。★踵を回らすべからず。
●同じような意の言いまわし
*踵を返す

【驥《き》尾《び》に付《ふ》す】

優れた先達に従って物事を行えば、実力以上のことをやり遂げることができるたとえ。▽青蠅《あおばえ》が驥（優れた馬）の尾につくと一日に千里も移動できるという故事から。多く、謙遜の表現に用いる。★先達の驥尾に付して成し遂げる。
●同じような意の言いまわし
驥尾に付く

【詭《き》弁《べん》を弄《ろう》する】

巧みな言いまわしで、道理に合わないこじつけの議論を展開する。★詭弁を弄するのはやめよ。
●同じような意の言いまわし
屁理屈《へりくつ》を捏《こ》ねる

【きまり悪《わる》げ】

決まりが悪いようす。その場をとりつくろえず、恥ずかしいようす。★いくらかきまり悪げにほほえんだ。


【気《き》脈《みゃく》を通《つう》じる】

ひそかに連絡をとり、意志を通じ合う。★二人はひそかに気脈を通じていた。
●同じような意の言いまわし
*款《かん》を通ずる／*腹を合わせる／内通する

【鬼《き》面《めん》人《ひと》を威《おど》す】

実質を伴わず、見せかけだけの威勢で人をおどす。★それはいささか鬼面人を威す表現だ。
●同じような意の言いまわし
鬼面人を驚かす

【肝《きも》を煎《い》る】
①気持ちをいらいらさせる。心配してやきもきする。★彼の消息がつかめず肝を煎る。②人の世話をする。とりもつ。★肝を煎ってくれる人の存在はありがたい。
●同じような意の言いまわし
①気を揉《も》む／やきもきする

【肝《きも》を消《け》す】

ひどく驚いて度を失う。非常に驚く。★肝

を消して逃げ出す。

●同じような意の言いまわし
肝を潰《つぶ》す／＊胸が潰《つぶ》れる／＊声を呑む

【久闊《きゅうかつ》を叙《じょ》する】

久しぶりの挨拶をする。▽「久闊」は、久しく連絡しない意。★互いに久闊を叙する。

【旧交《きゅうこう》を温《あたた》める】

行き来が絶えていた古くからの友人と会って、親交を深める。▽「旧交を交わす」とは言わない。★昔の仲間と集まって旧交を温める。

●「親しく交際する」意の言いまわし
誼《よし》みを通じる／＊款《かん》を通ずる／慇懃《いんぎん》を重ねる

【牛耳《ぎゅうじ》を執《と》る】

集団の中心となって支配する。盟主となる。▽昔、中国で盟主となる者が牛の耳を割いて血を採り、諸侯がこれをすすって盟約を誓った故事から。〈春秋左氏伝〉★彼がこの組織の牛耳を執っている。

●同じような意の言いまわし
牛耳る／糸を引く／舵《かじ》を取る／手玉に取る／掌握する

【窮地《きゅうち》に陥《おちい》る】

苦しい立場に追い詰められる。★味方に裏切られて窮地に陥る。

●同じような意の言いまわし
苦境に立つ／危地に陥る

【旧聞《きゅうぶん》に属《ぞく》する】

以前聞いて耳新しくない話である。★もはや旧聞に属する話。

●同じような意の言いまわし
聞き古した

【窮余《きゅうよ》の一策《いっさく》】

追いつめられて困り切ったあげくに思いついた一つの手段。★窮余の一策として立てた作戦が功を奏した。

●同じような意の言いまわし
鼬《いたち》の最後っ屁《ぺ》／苦肉の策／伝家の宝刀

【笈《きゅう》を負《お》う】

勉学のために郷里を離れる。★兄は都に笈を負って久しい。

●同じような意の言いまわし
遊学する／留学する

【御意《ぎょい》に入《い》る】

おぼしめしにかなう。お気に入る。★王の御意に入る。

●同じような意の言いまわし
御意に召す／御意に適《かな》う／眼鏡に適う

【行間《ぎょうかん》を読《よ》む】

文章の表面にあらわれていない筆者の真意

をくみとる。★彼には行間を読む力がある。

●同じような意の言いまわし
*眼光紙背に徹する

【胸襟《きょうきん》を開《ひら》く】

隠し立てをせずに心中を打ち明ける。▽「開く」は「披く」とも書く。★胸襟を開いて語り合う。

●同じような意の言いまわし
打ち解ける

【興《きょう》に乗《じょう》ずる】

面白さに浮かれてあることをする。★興に乗じてマジックを披露する。

●同じような意の言いまわし
興に乗る／調子に乗る

【曲《きょく》がない】

型どおりで変化がなく、面白みがない。また、愛想がない。★そう言ってしまえば曲がない。

●同じような意の言いまわし
芸がない／情趣がない／味も素っ気もない

【虚《きょ》に乗《じょう》ずる】

相手のすきや弱点につけ込む。▽「虚」は油断やすきの意。★敵の心の虚に乗ずる。

●同じような意の言いまわし
*虚を衝《つ》く

【挙《きょ》に出《で》る】

企てる。行動をとる。★反撃の挙に出る。

●同じような意の言いまわし
実行する／打って出る／当たって砕ける

【虚《きょ》を衝《つ》く】

相手が油断したところを攻撃する。▽「虚」は油断やすきの意。★虚を衝かれて返事に困る。

●同じような意の言いまわし
盲点を衝《つ》く／*虚に乗ずる

【綺《き》羅《ら》を飾《かざ》る】

華美をこらす。きらびやかに着飾る。▽「綺羅」は、「綾《あや》絹《ぎぬ》と薄絹」のことで、美しい衣服の意。★綺羅を飾ってパーティーに繰り出す。

●同じような意の言いまわし
着飾る／洒落《しゃれ》る／めかし込む

【器量好《きりょうごの》み】

顔立ちの美しさを第一条件にして、結婚などの相手をえりごのみすること。面くい。★たいへんな器量好み。

【器《き》量《りょう》を下《さ》げる】

男が男としての面目や価値を下げる。▽「器量を上げる」の対。★今回の件で彼は器量を下げた。

●同じような意の言いまわし
顔が潰《つぶ》れる／面目を失う／面目が潰れる

【軌《き》を一《いつ》にする】
方針や考え方を同じにする。▽「軌」は車輪の通ったあとのわだちのことで、わだちを同じくするように、の意から。★彼とは軌を一にするので話がすぐにまとまる。

●同じような意の言いまわし
揆《き》を一にする

【機《き》を伺《うかが》う】
ちょうどよい機会が来るのを待つ。★攻撃の機を伺う。

【機《き》を失《しっ》する】
よい機会をのがす。★機を失することなく対応する。

●同じような意の言いまわし
機を逸《いつ》する／時機を失する／期を失う／後の祭り

【奇《き》を衒《てら》う】
珍しいことで人目を引く。★奇を衒った表現。

【機《き》を見《み》るに敏《びん》】
すばやく機会を見つける。とっさに対応する。★機を見るに敏な切れ者。

●同じような意の言いまわし
機転が利《き》く／知恵が回る／小回りが利く／融通が利く

【琴線《きんせん》に触《ふ》れる】
心の奥の微妙な感情が共鳴する。深く感動する。▽物事に触れて起こるさまざまな心の動きを琴の糸にたとえた言葉。★心の琴線に触れる。

●同じような意の言いまわし
胸を打つ／心を打つ／*肺《はい》腑《ふ》を衝《つ》く／心肝に徹する

く

【苦言《くげん》を呈《てい》する】
耳の痛い忠告をする。言いにくくてもその人のためになることを言う。★彼女の我儘に苦言を呈する。

●同じような意のことば
忠言は耳に逆らう／頂《ちょう》門《もん》の一針／良薬は口に苦し

【奇《く》しくも】
ありえないほど不思議なさま。珍しくも。★奇しくも一命をとりとめた。

●同じような意の言いまわし
あやしくも／不思議にも／狐につつまれたよう

【件《くだん》の】
以前に述べたとおりの。★件の用件で話したい。

●同じような意の言いまわし
例の

【口《くち》の端《は》に掛《か》かる】

噂の種になる。評判になる。★人々の口の端に掛かる。

●同じような意の言いまわし
口の端に上《のぼ》る／話題になる

【口《くち》を極《きわ》めて】

それ以上の言い方がないほど、ありったけの言葉を費やして。★口を極めてほめる。

●同じような意の言いまわし
言を尽くして／口を酸っぱくして

【口《くち》を衝《つ》いて出《で》る】

すらすらと口から言葉が出てくる。また、考えなくても自然に言葉が出てくる。★思わず口を衝いて出た言葉。

●同じような意の言いまわし
口に出る／口走る

【口《くち》を濡《ぬ》らす】

やっと細々と暮らす。どうにか生活する。★何とか口を濡らして日を送る。

●同じような意の言いまわし
*口を糊《のり》する／*糊口《ここう》を凌《しの》ぐ

【口《くち》を糊《のり》する】

やっと生計を立てる。貧しく生活する。★わずかな蓄えで家族の口を糊する。

●同じような意の言いまわし
口に糊する／*口を濡《ぬ》らす／*糊口《ここう》を凌《しの》ぐ

【愚《ぐ》にも付《つ》かない】

ばかばかしくて話にもならない。★愚にも付かない行動に出る。

●同じような意の言いまわし
*取るに足りない／*愚《ぐ》の骨頂／*益体《やくたい》もない

【愚《ぐ》の骨頂《こっちょう》】

非常に愚かなこと。▽「骨頂」はこの上ない意で、悪い場合に用いる。★ここで敵の襲来を待つのは愚の骨頂だ。

●同じような意の言いまわし
愚の極み／*愚《ぐ》にも付かない

【頸《くび》木《き》を争《あらそ》う】

互いに張り合って勝ちを争う。★英傑たちが頸木を争う。

【与《くみ》する】

あることに同意して味方に付く。仲間になって加勢する。▽「組する」とも書く。★彼の提案に与する。

●同じような意の言いまわし
賛同する／左袒《さたん》する

【苦楽《くらく》を共《とも》にする】

二人以上の人が力をあわせて、一緒に生活したり、仕事にはげんだりする。★苦楽を共にしてきた仲間。


【暮《く》らしが立《た》つ】

生活していくことができる。★昼も夜も働いて、やっと暮らしが立つ。


【比《くら》ぶべくもない】

比較できないほど差がある。★彼女の努力には比ぶべくもない。

●同じような意の言いまわし
比べ物にならない／比類ない／群を抜く／*右に出る者が無い／並ぶ者が無い

け

【謦咳《けいがい》に接《せっ》する】

尊敬する人や身分の高い人に直接お会いする。じかに話を聞く。▽「謦」「咳」ともに、せきばらいの意から。★老師の謦咳に接する。

●同じような意の言いまわし
謁見する／拝謁する

【圭角《けいかく》が多《おお》い】

人柄や言動などが円満でなく、角ばっていて親しめない。▽「圭角」は、玉のとがった角の意。★圭角が多い彼とはそりが合わない。

●同じような意の言いまわし
角角《かどかど》しい

【敬《けい》して遠《とお》ざける】

うやまって近づかない。尊敬しているふりをして避ける。▽本来は、尊敬してなれなれしくしない意。孔子のことばから。〈論語〉★敬して遠ざけるというような関係。

●同じような意の言いまわし
敬遠する／煙たがる

【逆鱗《げきりん》に触《ふ》れる】

天子を怒らせる。転じて目上の人を激しく怒らせる。▽「逆鱗」は、竜のあごの下に逆さに生えた一枚の鱗《うろこ》のことで、これに触れた者は怒りを受けて竜に殺されるという中国の故事から。〈韓非子〉★王の逆鱗に触れる。

●同じような意の言いまわし
*忌諱《きき》に触れる／*怒髪《どはつ》天を衝《つ》く

【檄《げき》を飛《と》ばす】

意見や主張を発表し広く人に知らせる。またそれによって人を集め、決起を促す。▽「激励する」意で用いるのは本来は誤り。★檄を飛ばして支持を求める。

●同じような意の言いまわし
檄する

【下《げ》種《す》張《ば》る】

卑しい根性をあらわす。下品な言動をする。
★下種張った根性は持つな。

【蓋《けだ》し】

考えてみるに。思うに。▽次に述べることに、かなり確信をもって推量するときに使う。
★それは蓋し当然のことだ。
●同じような意の言いまわし
*案ずるに／おそらく／多分

【血《けつ》路《ろ》を開《ひら》く】

敵の囲みを破って逃げ道を作る。困難な状況を打ち破る。★こうなってはただ血路を開くのみだ。
●同じような意の言いまわし
*死中に活を求める／虎口《ここう》を逃れる／危地を脱する／活路を見いだす／急場を凌《しの》ぐ

【気《け》取《ど》られる】

態度やあたりのようすから、相手に気づかれる。感づかれる。★気配を気取られる。


【閲《けみ》する】
①調べる。検査する。★古文書を閲する。
②長い年月を経過する。★四半世紀の歳月を閲する。

【犬《けん》猿《えん》も啻《ただ》ならず】

仲が悪いといわれる犬と猿よりも、もっと仲が悪いこと。★犬猿も啻ならぬ間柄。
●同じような意のことば
犬猿の仲／水と油／*氷炭《ひょうたん》相容《あいい》れず

【懸《けん》河《が》の弁《べん》】

急流のようによどみない話しぶり。▽「懸河」は、傾斜が急で水の流れが非常に速い川の意。★懸河の弁をふるう。
●同じような意の言いまわし
立て板に水／雄弁／熱弁

【言《げん》語《ご》に絶《ぜっ》する】

あまりの甚だしさのため、言葉ではとうてい表現できない。★言語に絶する体験。
●同じような意の言いまわし
言語を絶する／言葉に余る／言葉に尽くせない／*名状し難《がた》い／*えも言われぬ

【見《けん》識《しき》張《ば》る】

見識があるように見せる。★見識張って口をはさむ。
●同じような意の言いまわし
見識ぶる

【言《げん》辞《じ》を弄《ろう》する】

あれやこれやと言葉を使う。▽否定的な意味合いで用いることが多い。★無責任な言辞を弄する。

【権高《けんだか》に出《で》る】

気位が高く、相手を見下すような態度をとる。★相手を見下して権高に出る。

●同じような意の言いまわし
高飛車に出る／居丈高になる

【言質《げんち》を取《と》る】

のちの証拠となる約束の言葉を得る。▽「言質」を「げんしつ」とは読まない。★いざというときのために言質を取っておく。

【剣突《けんつく》を食《く》らう】

荒々しく叱りつけられる。どなりつけられる。★先輩から剣突を食らう。

●同じような意の言いまわし
叱咤《しった》される／大目玉を食う

【犬馬《けんば》の労《ろう》をとる】

犬馬のように自分は微力だが、他人のために精一杯働く。▽謙遜した言い方。★主君に対して犬馬の労をとった。

●同じような意の言いまわし
尽力する／労を惜しまない

【妍《けん》を競《きそ》う】

顔かたちなどの美しい女性が集まって、あでやかさを競う。▽「妍を争う」とは言わない。★百花妍を競う。

【言《げん》を左右《さゆう》する】

あれこれ言いのがれて、はっきりしたことを言わない。★言を左右して確答を避ける。

●同じような意の言いまわし
言葉を濁す／*顧みて他を言う

【言《げん》を俟《ま》たない】

改めて言うまでもない。周知のことである。★それが事実であることは言を俟たない。

●同じような意の言いまわし
言うまでもない／*言うも愚か／*言わずもがな／言うを俟《ま》たない／言うにや及ぶ

【希《こいねが》う】

強く望む。切に希望する。▽「庶幾う・冀う」とも書く。★彼女の無事を希う。

●同じような意のことば
切望する／熱望する／渇望する／庶幾《しょき》する

【希《こいねがわ》くは】

なにとぞ。どうか。▽「庶幾くは・冀くは」とも書く。★希くは事件の早期解決のあらんことを。

●同じような意の言いまわし
望むらくは

【甲乙《こうおつ》つけがたい】

二つのものに優劣の差がないこと。二つのもののうちどちらがすぐれているかを決められないこと。★二人とも甲乙つけがたい美人だ。

【高閣《こうかく》に束《つか》ねる】

書物などを高い棚にしまい込んだまま利用しない。退蔵する。▽「束ねる」は「たばねる」とも読む。★古書を高閣に束ねる。

●同じような意の言いまわし
宝の持ち腐《ぐさ》れ

【肯綮《こうけい》に中《あ》たる】

物事の急所や要点をぴたりと押さえる。▽「中たる」は「当たる」とも書く。★肯綮に中たった批評。

●同じような意の言いまわし
*正鵠《せいこく》を射《い》る／的を射《い》る／核心《かくしん》を衝く／*図星を指す

【膏肓《こうこう》に入《い》る】

深いところに入り込む。深入りする。▽「こうもう」は慣用読みで、本来は誤り。★病、膏肓に入る。

●同じような意の言いまわし
血道を上げる／*憂き身を窶《やつ》す／現《うつつ》を抜かす

【後顧《こうこ》の憂《うれ》い】

後に残る心配事。▽「後顧」は、後ろが気にかかって振り返る意。★後顧の憂いを絶つ。

●同じような意の言いまわし
気掛かり／心置き／屈託《くったく》／憂慮／憂患

【功罪相半《こうざいあいなか》ばする】

功績と罪過が半々で、善悪を決めかねる。成功だった面もあり、失敗だった面もある。
★功罪相半ばする結果となる。

●同じような意の言いまわし
功過相半ばする

【嚆矢《こうし》とする】

（物事の）一番はじめである。▽「嚆矢」はかぶら矢の意。昔、中国で、かぶら矢を射て開戦の合図としたことから。★その説を唱えたのは彼をもって嚆矢とする。

●同じような意の言いまわし
濫觴《らんしょう》／先鞭《せんべん》／先端／先鋒《せんぽう》／一番槍《いちばんやり》／揺籃《ようらん》

【好事《こうじ》魔《ま》多《おお》し】

よいことはとかく邪魔が入りがちである。★好事魔多しというから、油断はできない。

●同じような意の言いまわし
月に叢雲《むらくも》花に風／邪魔が入る／腰を折る

【後塵《こうじん》を拝《はい》する】

①地位や権力のある人に追従する。▽「後塵」は車の通った後に立つ土けむりのこと。★師匠の後塵を拝して脚光を浴びる。②人に遅れを取る。★後輩の後塵を拝することになってしまった。

●同じような意の言いまわし
①*驥尾《きび》に付す
②*下風《かふう》に立つ

【口吻《こうふん》を洩《も》らす】

口ぶりで内心をそれとなくあらわす。▽「洩らす」は「漏らす」とも書く。★彼女は女優になりたいような口吻を洩らしていた。

●同じような意の言いまわし
口を滑らす／*語るに落ちる

【頭《こうべ》を回《めぐ》らす】

後ろを振り返る。過去を振り返ってみる。▽「頭」は「首」、「回らす」は「巡らす」とも書く。★過ぎ去りし過去に頭を回らす。

●同じような意の言いまわし
思い起こす／回想する／回顧する／想起する／追想する

【甲羅《こうら》を経《へ》る】

経験を積み重ねる。また、世間ずれしてあつかましくなる。★甲羅を経た人。

●同じような意の言いまわし
*世故《せこ》に長《た》ける／場数《ばかず》を踏む／年季が入る／*劫《こう》を経る

【紅涙《こうるい》を絞《しぼ》る】

女性に涙を流させる。▽「紅涙」は血の涙の意で、非常に悲しいときに流す涙。また、特に若い女性の涙の意。★観る人の紅涙を絞る。

【稿《こう》を起《お》こす】

原稿を書き始める。▽「稿を脱する」の対。★稿を起こしてから三年、ようやく作品が完成した。

●同じような意の言いまわし
起稿する／起草する／筆を執《と》る／筆を染める

【功《こう》を奏《そう》する】
事が成る。よい結果を得る。▽天子に功績を奏上する意から。★人一倍の努力が功を奏する。

●同じような意の言いまわし
実を挙げる／実を結ぶ

【業《ごう》を煮《に》やす】
思うようにいかなくていらだつ。相手のあいまいな言動に腹を立てる。★業を煮やして話し合いの席を立つ。

●同じような意の言いまわし
焦《じ》れる／癇癪《かんしゃく》を起こす

【劫《こう》を経《へ》る】
長い歳月を経る。年功を積む。▽「劫」は「ごう」とも読む。★劫を経て悟りの境地に至る。

●同じような意の言いまわし
*甲羅《こうら》を経る

【声《こえ》を殺《ころ》す】
小さな声で言う。声の音量をおさえて言う。声を潜める。★声を殺して泣く。

【声《こえ》を大《だい》にする】
強く主張する。★声を大にして言いたい。

【声《こえ》を呑《の》む】
驚きや感動のあまり、言葉が出なくなる。★眼前に広がる光景に思わず声を呑んだ。

●同じような意の言いまわし
*息を呑む／目を見張る／舌を巻く

【声《こえ》を潜《ひそ》める】
声を小さくして言う。声をしのばせる。▽「声を忍ばせる」ともいう。★声を潜めてささやく。

【声《こえ》を振《ふ》り絞《しぼ》る】
力の限りの大声を出す。これ以上は出せないというくらいの大声を出す。★声を振り絞って名前を呼ぶ。

【声《こえ》をやわらげる】
おだやかな口調で言う。★声をやわらげて説明した。

【極印《ごくいん》を打《う》つ】
よくない物事に関して、そうであると決めつける。▽「極印を押す」ともいう。★卑怯者の極印を打たれる。

●同じような意の言いまわし
烙印を押す／札付《ふだつ》き

【虚空《こくう》を掴《つか》む】
手を上方の空間に伸ばして、こぶしを固く

握り締める。断末魔の苦しみのさまをいう。★虚空を摑み、息絶えた。


【孤閨《こけい》を守《まも》る】

夫の長い不在の間、妻がさびしく留守居をする。★孤閨を守り、再会を果たす。


【沽券《こけん》に関《かか》わる】

体面や品位を左右する。▽「沽券」は、土地などの売買証文。転じて、物や人の価値の意。★ここで逃げ出しては沽券に関わる。

●同じような意の言いまわし
面目に関わる／面子を失う／*器量を下げる／顔が潰《つぶ》れる

【糊口《ここう》を凌《しの》ぐ】

細々と生計を立てる。かろうじて生活する。▽「糊口」はかゆをすする意。★内職をして糊口を凌ぐ。

●同じような意の言いまわし
*口を糊《のり》する／*口を濡《ぬ》らす

【心得顔《こころえがお》で】

事情はすべて分かっているという顔つきで。自分に任せてくれという表情で。★心得顔で話す。

●同じような意の言いまわし
知り顔／飲み込み顔

【心付《こころづ》ける】

注意する。気を付ける。また、気をつかって祝儀などを渡す。★心付けて祝儀を渡す。

●同じような意の言いまわし
心に掛ける／気遣う／気を配る／顧慮する

【心《こころ》に刻《きざ》む】

はっきりと記憶する。深く心に留めておく。▽「胸に刻む」ともいう。★恩師の言葉を心に刻む。


【心《こころ》の丈《たけ》】

心に秘めていたすべての思い。▽心にあること全部の意から。★心の丈を打ち明ける。

●同じような意の言いまわし
思いの丈

【心《こころ》を用《もち》いる】

気を配る。注意を払う。★敵の動きに心を用いる。


【心《こころ》を揺《ゆ》さ振《ぶ》る】

相手の心を強く動かす。大いに感動させる。★心を揺さ振る演説。


【此処《ここ》を先途《せんど》と】

ここが勝敗や運命をきめる瀬戸際だと、全力を尽くすさま。▽「先途」は事の成否を決める重要な時の意。★此処を先途と奮い立つ。

●同じような意の言いまわし
危急存亡の秋《とき》／天下分け目／天王山《てんのうざん》／剣が峰

【来《こ》し方《かた》行《ゆ》く末《すえ》】
①過ぎてきた方向とこれから行く方向。▽「きしかたゆくすえ」とも読む。★来し方行く末を見晴かす。
②過去と未来。★来し方行く末を思う。

【古式床《こしきゆか》しい】

古来の方法にならっていて、なつかしくしたわれるようす。▽「古式豊か」は誤り。★古式床しい神事。


【故障《こしょう》を言《い》う】

苦情や不服を申し立てる★ひどい騒音に故障を言う。

●同じような意のことば
異議／異存／異見／異論／難癖《なんくせ》

【こそあれ】
①…はあるが、しかし。★程度の差こそあれ、彼らは英語がわかる。
②…ではあるが、しかし。★これは忠告でこそあれ決して侮辱ではない。

【御託《ごたく》を並《なら》べる】

もったいぶってくどくどと言い立てる。▽「御託」は御託宣の略で、神様のお告げの意。★つまらない御託を並べるな。

●同じような意の言いまわし
理屈を並べる／減らず口を叩《たた》く／口が減らない

【御多分《ごたぶん》に洩《も》れず】

世間一般の例と同じだ。例外なく。▽「洩れず」は「漏れず」とも書く。★御多分に洩れず、うちも不況だ。

●同じような意の言いまわし
同様に／負けず劣らず

【骨髄《こつずい》に徹《てっ》する】

強い思いが心の深いところまで貫いている。▽「骨髄に徹《とお》る」ともいう。★恨み骨髄に徹する。

●同じような意の言いまわし
骨身に沁《し》みる／骨身に応《こた》える

【骨肉《こつにく》相《あい》食《は》む】

血のつながった者同士が争う。★骨肉相食む争い。

●同じような意の言いまわし
骨肉相争う／血で血を洗う

【事《こと》あれかし】

何か事件が起こってほしいと待ちわびているさま。▽「かし」は強意の助詞。★事あれかしと待ち構える。


【事《こと》ここに至《いた》る】

事態が悪い方に進んで、どうにもできない状態になる。★事ここに至っては、全てを打ち明けよう。

●**同じような意の言いまわし**
二進《にっち》も三進《さっち》も行かない／*抜き差しならない／*進退谷《きわ》まる

【事《こと》とする】

もっぱらそのことだけをする。一つのことに専念する。打ち込む。★反対のみを事とする。

●**同じような意の言いまわし**
専念する／専心する／没頭する／身を入れる／明け暮れる

【異《こと》にする】

…が違っている。…を別にする。▽「…を異にする」の形で用いる。★趣を異にする。


【言葉《ことば》を探《さが》す】

何かを伝えるため、ふさわしい言葉や言い回しを考える。★なぐさめの言葉を探す。


【言葉《ことば》を詰《つ》まらせる】

話の途中で言うべき言葉がわからなくなり、考えこんでだまる。続けて話すことができなくなる。言葉につまる。★涙を浮かべて言葉を詰まらせる。


【言葉《ことば》を呑《の》む】
①感動や驚きで思わず言葉が出なくなる。
★美しい景色に言葉を呑む。
②相手の心情を察し、言いかけてやめる。
★相手の迫力に言葉を呑む。

●**同じような意の言いまわし**
①*声を呑む／*息を呑む
②口を噤《つぐ》む

【事程左様《ことほどさよう》に】

以上述べてきたように。このようなわけで。それほど。▽前述の事柄をあげて、その程度を示す。英語のso…thatの訳語といわれる。★事程左様に心というものは複雑なものである。

●**同じような意の言いまわし**
斯《か》くの如《ごと》き

【事《こと》を構《かま》える】

些細《ささい》な事を荒立てて、争いを起こそうとする。★隣国と事を構える。

●**同じような意の言いまわし**
事を荒立てる／平地に波乱を起こす

【言《こと》を食《は》む】

以前約束した内容と違うことを言う。約束を破る。▽一度口にして出した言を、また口に入れる意から。★友に対して言を食む。

●同じような意の言いまわし
言《げん》を食む／食言する／前言を翻す

【事《こと》を分《わ》ける】

きちんと道筋を立てて説明する。★事を分けて話す。


【此《こ》の期《ご》に及《およ》んで】

このように事が差し迫っている時になって。★此の期に及んで見苦しい。


【小鼻《こばな》を膨《ふく》らます】

いかにも不満そうな顔をする。★小鼻を膨らまして文句を言う。
●同じような意の言いまわし
剝《む》くれる／膨れっ面をする／仏頂面をする／口を尖《とが》らす

【媚《こび》を売《う》る】
①相手に取り入るために、ご機嫌をとる。へつらう。★上役に媚を売る。②色っぽい態度で客の相手をする。★客に媚を売る。
●同じような意の言いまわし
①諂《へつら》う／阿諛《あゆ》する／胡麻《ごま》を擂《す》る／＊歓心を買う／髭《ひげ》の塵《ちり》を払う

【御幣《ごへい》を担《かつ》ぐ】

縁起や迷信などにとらわれて、吉凶などを気にする。★年を重ねるごとに御幣を担ぐようになった。
●同じような意の言いまわし
縁起を担ぐ／験《げん》を担ぐ

【これはしたり】

驚いたりあきれたりした時に発する語で、これはまあ。なんとまあ。▽自分の失敗にも用いる。★これはしたり、計られたか。
●同じような意の言いまわし
これは如何《いか》に

【これは要《よう》するに】

要約すれば。要するに。★これは要するに、二人の意見が一致したのだ。
●同じような意の言いまわし
約《つづ》めて言えば／つまり

【強面《こわもて》に出《で》る】

自分の意見や主張などを無理に通すような、強引な態度に出る。★相手に見くびられないよう、強面に出る。
●同じような意の言いまわし
高飛車に出る／否応《いやおう》なしに／有無を言わさず

【今昔《こんじゃく》の感《かん》に堪《た》えない】

今の姿を見ると、昔のことがしみじみとしのばれる。▽昔と今を比べて、変化の大きさに驚くことをいう。★母校の変わりようを見るにつけても、今昔の感に堪えない。

●**同じような意の言いまわし**
＊隔世の感がある

さ

【最期《さいご》を遂《と》げる】

死ぬ。★りっぱな最期を遂げる。


【細大漏《さいだいも》らさず】

細かなことも大きなことも、すべて。余すところなく。★細大漏らさず報告する。

●**同じような意の言いまわし**
巨細《こさい》漏らさず／押し並《な》べて／一部始終／一切合切

【才長《さいた》ける】

才気が十分に備わって、よく頭が働く。★詩文の才長ける少年。


【済度《さいど》し難《がた》い】

愚かで、正しいことを教えようもない。★済度し難い奴。


【才《さい》に溺《おぼ》れる】

自分の能力や才能を過信して、失敗する。★才に溺れて練習を怠り、試合に負けた。


【采配《さいはい》を振《ふ》る】

指揮をする。▽「采配」は昔、大将が軍陣を指揮するときに用いた道具。★王自ら采配を振る。

●**同じような意の言いまわし**
指示する／指図する／舵《かじ》を取る／＊牛耳を執る

【冴《さ》え冴《ざ》えしい】

いかにも冴えているさま。非常に澄みきっていてすがすがしい。★冴え冴えしい空気が漂う。

●**同じような意の言いまわし**
冴え渡る／冴え返る／澄み渡る

【策《さく》を弄《ろう》する】

自分の思いどおりに物事が運ぶように、はかりごとをする。★あれこれと策を弄する。

●同じような意の言いまわし
策をねる／策をめぐらす／たくらむ／企てる／計略をめぐらす／謀略をめぐらす

【然《さ》すれば】

とすれば。そうであるなら。★然すれば近いうちに様子を見に行こう。

●同じような意の言いまわし
とすると／とすれば

【沙汰《さた》の限《かぎ》り】

是非を論じる余地がないこと。もってのほか。▽「沙汰」は、是非を論じることで、その範囲を超えている意から。★沙汰の限りを尽くす。

●同じような意の言いまわし
沙汰の外《ほか》／言語道断／論外／以《も》っての外

【沙汰《さた》止《や》み】

計画などが中止になること。★その計画は沙汰止みとなった。

●同じような意の言いまわし
お流れ／取り止め／中止／立ち消え

【然《さ》なきだに】

そうでなくてさえ。★然なきだに静かな村が、より一層ひっそりとしている。

●同じような意の言いまわし
ただでさえ／*然らぬだに

【然《さ》なくば】

そうでなければ。★降伏せよ、然なくば撃つぞ。

●同じような意の言いまわし
然《さ》もなくば

【座《ざ》に堪《た》えない】

その場所にいることに我慢ができない。同席するのが苦痛である。★恥ずかしくて座に堪えない。

●同じような意の言いまわし
居たたまれない／座が持たない／居心地が悪い

【妨《さまた》げない】

…してもかまわない。…してもよい。▽多く法令・規則の文章で用いる。★損害賠償の請求を妨げない。

●同じような意の言いまわし
差し支えない／*否《いな》めない

【然《さ》もあらばあれ】

それならばそれで仕方がない。▽「遮莫」とも書く。★他のことは然もあらばあれ、これだけは譲れない。

●同じような意の言いまわし
どうあろうとも／ままよ／さわれ／とにもかくにも

【然《さ》もありなん】

もっともであろう。確かにそうであろう。▽人の話すことに同意する気持ちを表す。★彼は、然もありなんというように頷いた。

●同じような意の言いまわし
然もあらん／*宜《むべ》なる哉《かな》

【鞘《さや》を払《はら》う】

刀剣からさやを外す。刀剣を抜く。★短刀の鞘を払った。

【然《さ》らぬだに】

そうでなくてさえ。▽「然《さ》らでだに」ともいう。★然らぬだに苦しい生活が、より逼迫してきた。

●同じような意の言いまわし
然らでだに／ただでさえ

【然《さ》りとて】

そうはいっても。そうかといって。★空腹を感じたが、然りとて食糧は底をついていた。

●同じような意の言いまわし
とはいえ／だが

【然《さ》る者《もの》】

なかなかの者。したたかな者。油断のできない者。★敵も然る者。

●同じような意の言いまわし
遣《や》り手／曲者《くせもの》／強《した》か者／海千山千

【然《さ》ればこそ】

それだからこそ。思ったとおり。★然ればこそ戦うのだ。

●同じような意の言いまわし
やっぱり／案の定

【然《さ》ればとて】

だからといって。そうではあるが。★然ればとて放ってはおけない。

●同じような意の言いまわし
然ればといって／だからといって

【慙《ざん》愧《き》に堪《た》えない】

自分のしたことが恥ずかしくてたまらない。いくら反省してもしきれない。▽「慙愧」は「慚愧」とも書く。★己の不徳の致《いた》すところ、慙愧に堪えない。

●同じような意の言いまわし
悔やんでも悔やみきれない／自責の念に駆られる

【さんざめく】

大勢でにぎやかに騒ぐ。★笑いさんざめく人々。

●同じような意の言いまわし
ざんざめく／さざめく／ざんざらめく／騒ぎ立てる

【三舎《さんしゃ》を避《さ》ける】

おそれてしり込みをする。敬って遠慮する。▽はばかって遠く離れる意。「舎」は古代中国の距離の単位で、一舎は約20キロメートル。★鬼畜も三舎を避けるような犯罪。

●同じような意の言いまわし
三舎を退く／一目置く

【三十六計《さんじゅうろっけい》を決《き》め込《こ》む】

逃げ出す。★迷わず三十六計を決め込む。


【嶄然頭角《ざんぜんとうかく》を現《あらわ》す】

一つの集団のなかで、ひときわ目立って優れている。★ピアニストとして嶄然頭角を現した。

●同じような意の言いまわし
*頭角を現す／*一頭地を抜く／*異彩を放つ／水際立つ／ずば抜ける／抽《きぬ》んでる

【残喘《ざんぜん》を保《たも》つ】

やっと生き長らえている。▽「残喘」は残り少ない命の意。★かろうじて残喘を保つ。

●同じような意の言いまわし
生き長らえる

【酸鼻《さんび》を極《きわ》める】

このうえなくむごたらしく、痛ましいさま。きわめて悲惨なさま。★酸鼻を極める光景。

●同じような意のことば
阿鼻叫喚／生き地獄

【算《さん》を乱《みだ》す】

ちりぢりになる。ばらばらになる。▽「算」は占いに使う算木の意。★算を乱して駆け出す。


【産《さん》を破《やぶ》る】

すべての財産を失う。★浪費癖から産を破る。

●同じような意の言いまわし
破産する／産を預ける

し

【思《し》案《あん》投《な》げ首《くび》】

どうしたらよいかわからず、深く考えこむさま。★思案投げ首のうちに日が暮れた。
●同じような意の言いまわし
*思案に余る／思案に暮れる

【思《し》案《あん》に余《あま》る】

いくら考えてもよい知恵が浮かばない。★思案に余って相談する。
●同じような意の言いまわし
思案に暮れる／*思案投げ首／思い悩む

【強《し》いて言《い》えば】

あえて言うならば。★体調は悪くない。強いて言えば、昔受けた傷がうずくだけだ。


【潮《しお》が差《さ》す】

満ち潮になる。潮が満ちる。★潮が差す頃合い。


【潮《しお》が引《ひ》く】
①引き潮になる。★潮が引くと浅瀬ができる。
②勢いが衰える。★潮が引くようにいなくなる。

【云爾《しかいう》】

文章の末尾に置き、「上述のとおり」の意で用いる。★本日は晴天なりと云爾。


【如《し》かず】

…に及ばない。…するにこしたことはない。…するのが最もよい。▽「…に如かず」の形で用いることが多い。★百聞は一見に如かず。


【歯《し》牙《が》にも掛《か》けない】

取り上げるほどのものではないとして問題にしない。無視する。★人の噂など歯牙にも掛けない。
●同じような意の言いまわし
眼中にない／度外視する／取り合わない

【加之《しかのみならず》】

それだけではなく。その上に。★助けていただき、加之食事まで用意していただけるとはありがたい。
●同じような意の言いまわし
更に／*糅《か》てて加えて

【自《じ》家《か》薬《やく》籠《ろう》中《ちゅう》の物《もの》】

自分の薬箱のように、いつでも自分の意のままに使える技術や知識など。★新型機器を自家薬籠中の物とする。
●同じような意の言いまわし
薬籠《やくろう》中《ちゅう》の物《もの》／薬籠の物

【然《しか》らしめる】

そのような結果や状態にさせる。★時の流れの然らしめるところだ。
●同じような意の言いまわし
為《な》せるわざ

【然《しか》らずんば】

そうでなければ。そうならないのなら。★生か、然らずんば死か。
●同じような意の言いまわし
然らずば／然《さ》もなくば

【然《しか》り而《しこう》して】

そうであるからして。そうして次に。▽前に述べた文章を肯定した上で、後にくる文章を続けるときに用いる言葉。★然り而してかくなる結論につながる。
●同じような意の言いまわし
然りしかして

【然《しか》る可《べ》き】

当然そうあるべき。それに適した。★然る可き対処が必要だ。
●同じような意のことば
当然な／適当な

【然《しか》る可《べ》く】

適宜《てきぎ》に。都合のいいように。★然る可く取り計らう。
●同じような意の言いまわし
宜《よろ》しく／よしなに

【児戯《じぎ》に類《るい》する】

子供の遊びのように幼稚な。たわいもない。▽自分の行為を謙遜したり、他人の行為を軽蔑していうときに使う。★児戯に類する試み。
●同じような意の言いまわし
児戯に等しい／子供だまし

【時宜《じぎ》を得《え》た】

時機がちょうどよい。ころあいのよい。その場にふさわしい。★時宜を得た発言。
●同じような意の言いまわし
時宜にかなう／頃合いの

【如《し》くはない】

及ぶものはない。勝てるものはない。匹敵しない。★用心するに如くはない。


【時好《じこう》に投《とう》ずる】

その時代の好みや流行に一致して、世の中に歓迎される。★時好に投じた小説。


【指呼《しこ》の間《かん》】

指差して呼べば、すぐに答えが返ってくるほど近い距離。★道を隔てて指呼の間にある。

●同じような意の言いまわし
目と鼻の間《あいだ》／目と鼻の先／*目睫《もくしょう》の間《かん》

【子《し》細《さい》らしい】

詳しい事情があるらしい。何か意味ありげである。▽「子細」は「仔細」とも書く。★子細らしい顔。

【獅《し》子《し》身《しん》中《ちゅう》の虫《むし》】

味方でありながら内部に害を与えるもの。また、恩を仇で返すもの。▽仏の弟子でありながら仏法を害するものの意から。★獅子身中の虫とはあいつのことだ。

●「裏切る」意の言いまわし
恩を仇で返す／寝返りを打つ／*款《かん》を通じる

【咫《し》尺《せき》を弁《べん》ぜず】

暗くて、目の前のわずかな距離のものでも見分けがつかない。▽「咫尺」はわずかな距離の意。「咫」は中国周代の長さの単位で、八寸。★咫尺を弁ぜぬ暗闇。

●「近い距離」の意のことば
*指呼《しこ》の間《かん》／*目睫《もくしょう》の間《かん》／目と鼻の先

【耳《じ》朶《だ》を打《う》つ】

強い調子で聞かせる。★必死に呼びかける声が耳朶を打った。

【舌《した》を鳴《な》らす】

①相手に対して軽蔑や不満を表すさま。★不服そうに舌を鳴らす。
②おいしいものを食べて満足するさま。★好物に舌を鳴らす。

●同じような意の言いまわし
①舌打ちする／口を尖《とが》らす／*小鼻を膨《ふく》らます

【死《し》中《ちゅう》に活《かつ》を求《もと》める】

絶望的な状態から抜け出す道を見つけようとする★死中に活を求める心構え。

●同じような意の言いまわし
死中に生を求める／九死に一生を得る

【十《じっ》指《し》の指《さ》す所《ところ》】

多くの人が正しいと判断し、意見が一致するところ。★彼は犯人ではありえないというのが、十指の指す所だ。

●同じような意の言いまわし
十手《じっしゅ》の指す所／*十目の見る所／衆目の一致する所

【失《しっ》笑《しょう》を買《か》う】

おろかしい言動のため、周囲に馬鹿げたこととして笑われる。★的外れな発言をして失笑を買う。

●同じような意の言いまわし
嘲笑《ちょうしょう》される／物笑いになる

【失地《しっち》を回復《かいふく》する】
①失った土地を取り返すこと。★失地を回復するための運動。
②地位や権力などを取り戻すこと。★次の選挙では失地を回復するつもりだ。

【鎬《しのぎ》を削《けず》る】

実力の差のない者どうしが、激しく争う。▽お互いの鎬を削りあうほど、刀で激しく斬り合う意から。「鎬」は刀の刃と背の中間の、盛りあがっている部分。★鎬を削る争い。
●同じような意の言いまわし
渡り合う／火花を散らす／鍔《つば》迫《ぜ》り合いを演じる

【忍《しの》びない】

…することに我慢できない。気の毒で、どうしても…することができない。★聞くに忍びない。
●同じような意の言いまわし
同情を禁じ得ない／居たたまれない／遣《や》り切れない

【死命《しめい》を制《せい》する】

相手の生死にかかわる急所を押さえる。思いどおりに支配する。★敵国の死命を制する。
●同じような意の言いまわし
急所を握る／掌中に収める

【耳目《じもく》を驚《おどろ》かす】

世間を驚かせて関心を引く★耳目を驚かす事件。
●同じような意のことば
驚天動地

【耳目《じもく》を属《しょく》する】

耳をそばだて目を注いで、よく見たり聞いたりする。★議員の演説に耳目を属する。


【車軸《しゃじく》を流《なが》す】

車軸ほどもある太い雨脚の雨が降る。雨が激しく降るさま。★車軸を流すような豪雨。
●同じような意のことば
豪雨／沛《はい》雨《う》／土砂降り／篠《しの》突く雨

【車上《しゃじょう》の人《ひと》となる】

車・電車などに乗る。★帰省を思い立ち車上の人となる。


【斜《しゃ》に構《かま》える】
①刀剣を斜めに構える。▽「斜《はす》に構える」とも読む。★刀を斜に構える。
②あらたまった態度をとる。★斜に構えて待つ。
③物事に正面から取り組まないで、皮肉やからかいの気持ちで臨む。★斜に構えて人

生を送る。


【衆寡敵《しゅうかてき》せず】

少数では大勢を相手にしても太刀打ちできない。★衆寡敵せず、戦いは終わった。
●同じような意の言いまわし
寡は衆に敵せず／多勢に無勢

【終止符《しゅうしふ》を打《う》つ】

それまで続けてきた物事を終わりにする。決着をつける。★自堕落な生活に終止符を打つ。
●同じような意の言いまわし
けりを付ける／幕を閉じる

【執念《しゅうね》く】

執念深く。しつこく。★仇討ちの機会を執念くうかがう。


【秋波《しゅうは》を送《おく》る】

女性が、男性の気を引こうと色目を使う。★盛んに秋波を送る美女。
●同じような意の言いまわし
流し目を送る

【愁眉《しゅうび》を開《ひら》く】

心配事がなくなり、安心する。★無事帰還の知らせに愁眉を開く。
●同じような意の言いまわし
肩の荷が下りる／胸を撫で下ろす／人心地が付く／眉を開く

【十目《じゅうもく》の見《み》る所《ところ》】

世間の人々の意見や判断が一致するところ。▽「大学」では、「十手《じっしゅ》の指す所」と続く。★彼の罪は十目の見る所だ。
●同じような意の言いまわし
*十指《じっし》の指す所／十手《じっしゅ》の指す所／衆目の一致する所

【衆《しゅう》を頼《たの》む】

人数のうえで優勢であることを頼みとする。★衆を頼んで陳情する。
●同じような意の言いまわし
数を頼む

【術中《じゅっちゅう》に陥《おちい》る】

相手の計略にひっかかる。★敵の術中に陥る。
●同じような意の言いまわし
一杯食わされる／手に乗る／罠《わな》にはまる

【修羅《しゅら》の巷《ちまた》と化《か》す】

戦闘や闘争の行われる場所となる。★のどかな町が修羅の巷と化す。


【修羅《しゅら》を燃《も》やす】

激しく嫉妬する。ねたむ。▽阿修羅は嫉妬心や猜疑心《さいぎしん》が強いことから。★恋人の浮気に修羅を燃やす。

●同じような意の言いまわし
嫉妬する／焼き餅を焼く／角を出す

【朱《しゅ》を注《そそ》ぐ】

顔が真っ赤になるたとえ。▽多く、「満面朱を注ぐ」の形で用いる。★満面朱を注ぐ力業。

●同じような意の言いまわし
*色をなす／烈火のごとく

【春秋《しゅんじゅう》に富《と》む】

年齢が若く、将来が豊かである。▽「春秋高し」の対。★春秋に富む青年。


【春秋《しゅんじゅう》の筆法《ひっぽう》】

孔子の著述とされる中国の経書「春秋」に基づいた批判的態度で、間接の原因にすぎないものを直接の原因とする表現法。★春秋の筆法をもってすれば、大臣を殺したのは彼だ。


【常軌《じょうき》を逸《いっ》する】

普通でない。度を越えている。★常軌を逸する行動。

●同じような意の言いまわし
無軌道な／突拍子《とっぴょうし》もない／途轍《とてつ》もない／途方もない

【衝《しょう》に当《あ》たる】
①重要な拠点になっている。★交通の衝に当たる。
②重要な立場にある。★外交政策の衝に当たる。

【焦眉《しょうび》の急《きゅう》】

危険が差し迫っていて、一刻の猶予も無い状態。★焦眉の急を告げる。

●同じような意の言いまわし
轍鮒《てっぷ》の急／危殆《きたい》に瀕《ひん》する／尻に火が点《つ》く／眉《まゆ》に火《ひ》が付《つ》く

【正面切《しょうめんき》る】

遠慮せずに厳しい態度をとる。まともに対応する。★正面切って物を言う。

●同じような意の言いまわし
真っ向から／単刀直入／歯に衣《きぬ》を着せない

【条理《じょうり》を尽《つ》くす】

物事の筋道をきちんと立てる。★条理を尽くして説明する。

●同じような意の言いまわし
筋を通す／*理に適《かな》う／*当を得る／辻褄《つじつま》を合わせる／正論を吐く

【触手《しょくしゅ》を伸《の》ばす】

野心をもって目的のものに積極的に働きか

ける。▽「触手」は下等動物の口の近くにあるひも状の突起。★隣国が我が国に触手を伸ばす。

●同じような意の言いまわし
手を伸ばす／打って出る

【所在《しょざい》無《な》い】

何もすることがなくて退屈である。手持ち無沙汰である。★所在無い様子で立っている。

●同じような意の言いまわし
手持ち無沙汰／*無聊《ぶりょう》を託《かこ》つ／つれづれである

【緒《しょ》に就《つ》く】

物事に着手する。物事が始まりうまく軌道にのる。▽「緒」は「ちょ」とも読む。★問題解決の緒に就く。

●同じような意の言いまわし
手を染める／口火を切る／端を開く／火蓋を切る／蓋《ふた》を開ける

【白白《しらじら》明《あ》け】

東の空がしだいに明るくなってくるころ。夜明けのころ。★白白明けに駆けつける。

●同じような意の言いまわし
暁／曙／朝ぼらけ／*朝まだき／払暁《ふつぎょう》／黎明《れいめい》

【尻《しり》が来《く》る】

苦情などが持ち込まれる。好ましくない物事の後始末を押しつけられる。★結局こちらに尻が来る。

●同じような意の言いまわし
尻を持ち込む／とばっちりを受ける／*側杖《そばづえ》を食う

【尻《しり》が割《わ》れる】

隠していた悪事やうそが発覚する。ばれる。★すぐに尻が割れる嘘。

●同じような意の言いまわし
尻尾《しっぽ》を出す／化けの皮が剥《は》がれる／*底が割れる／*馬脚を露《あらわ》す／襤褸《ぼろ》を出す／露見する

【尻《しり》に帆《ほ》を掛《か》ける】

ためらわずに急いで逃げ出す。★尻に帆を掛けて逃げる。

●同じような意の言いまわし
尻尾《しっぽ》を巻く／風を食らう／逃げ足が速い／*這《ほ》う這《ほ》うの体《てい》

【死力《しりょく》を尽《つ》くす】

自分が持っているすべての力を出しきって物事に取り組む。★死力を尽くして戦う。

●同じような意の言いまわし
全身全霊を打ち込む／精魂を込める／全力を挙げる

【尻《しり》を持《も》ち込《こ》む】

当人で解決できない問題を、関係者に後始末させる。★もめ事の尻を持ち込まれる。


【刺《し》を通《つう》じる】

取り次ぎの人に自分の名前を出して、面会を求める。★刺を通じると、懐かしの恩師が出てきた。


【辞《じ》を低《ひく》くする】

相手を敬って、へりくだった丁寧な言葉づかいをする。転じて、腰を低くする。★辞を低くして頼む。

●同じような意の言いまわし
言葉を卑《ひ》くする／下手《したて》に出る／七重の膝を八重に折る

【人口《じんこう》に膾炙《かいしゃ》する】

広く世間の人々に知れわたり、もてはやされる。有名である。▽「膾」はなます、「炙」はあぶり肉で、どちらも美味で人々の口に合うことから。★広く人口に膾炙したエピソード。

●同じような意の言いまわし
口に乗る／世に入れられる／紙面を賑《にぎ》わす／名を流す

【人後《じんご》に落《お》ちる】

他人に比べて劣る。人にまける。▽多く、「人後に落ちない」の形で用いる。★気の強さでは人後に落ちない。

●同じような意の言いまわし
*一籌《いっちゅう》を輸《ゆ》する／後《おく》れを取る／引けを取る／風下《かざしも》に立つ／*下風《かふう》に立つ

【辛酸《しんさん》を嘗《な》める】

つらいことを経験する。大変な苦労をする。★人生の辛酸を嘗める。

●同じような意の言いまわし
*塗炭《とたん》の苦しみ／臥薪嘗胆《がしんしょうたん》する／血を吐く思い／生身を削る／艱難辛苦《かんなんしんく》

【進退谷《しんたいきわ》まる】

進むことも退くこともできない困難な立場に立つ。動きがとれなくなる。▽「谷まる」は「窮まる」とも書く。★進退谷まったような悲しげな目つき。

●同じような意の言いまわし
二進《にっ》も三進《さっ》も行かない／暗礁に乗り上げる／*抜き差しならない／足掻《あが》きが取れない／立ち往生する

【心胆《しんたん》を寒《さむ》からしめる】

心の底から驚かせ、恐れさせる。ぞっとさせる。★心胆を寒からしめる犯行。

●同じようなことば
戦慄《せんりつ》／畏怖《いふ》／驚天動地

【神《しん》に入《い》る】

技術などが非常に優れていて、人間わざとは思えない。★技、神に入る。

●同じような意の言いまわし
人間業とは思われない

【之繞《しんにゅう》を掛《か》ける】

程度を甚だしくする。事をおおげさにする。★真面目に之繞を掛けたような人。
●同じような意の言いまわし
輪を掛ける／尾《お》鰭《ひれ》を付ける／大風呂敷を広げる

【信《しん》を置《お》く】

相手を信頼する。信用する。★彼には絶対の信を置いている。
●同じような意の言いまわし
信を為《な》す／信を取る

す

【随喜《ずいき》の涙《なみだ》】

心からありがたく思って流す涙。★随喜の涙を流す。
●同じような意の言いまわし
有り難涙／嬉し涙

【彗星《すいせい》のごとく】

突然現れるようす。★彗星のごとく戦場に現れた貴公子。


【垂涎《すいぜん》の的《まと》】

誰もが欲しくてたまらないもの。▽「垂涎」は「すいせん・すいえん」とも読む。★宝石収集家の垂涎の的である、赤いダイヤモンド。
●同じような意の言いまわし
涎《よだ》れが出る／喉から手が出る／渇望する

【粋《すい》を利《き》かす】

男女間の事情に気を利かして、うまく取り計らう。★粋を利かして、二人の仲をとりもつ。
●同じような意の言いまわし
粋を遣う／粋を通す

【数《す》寄《き》を凝《こ》らす】

風流な工夫をいろいろとほどこす。▽「数寄」は「数奇」とも書く。★数寄を凝らした庭園。
●同じような意の言いまわし
風流を事とす／趣向を凝らす

【優《すぐ》れて】

特別に。とりわけ。特にきわだって。▽「勝れて」とも書く。★優れて政治的な問題。
●同じような意の言いまわし
際立って／就中《なかんずく》／殊に

【図《ず》に当《あ》たる】

予想したとおりになる。思ったとおりにな

る。▽「図星を当てる」とは言わない。★作戦が図に当たる。

●同じような意の言いまわし

壺にはまる

【須《すべか》く】

当然…する必要がある。▽漢文訓読に由来する語で、多く、下に「べし」を伴う。★若者は須く青春を謳歌すべきだ。

●同じような意の言いまわし

当然／是非／必ず

【図星《ずぼし》を指《さ》す】

相手の思惑をぴたりと当てる。急所を指摘する。▽「図星」は的の中心の黒点の意。★図星を指されてうろたえる。

●同じような意の言いまわし

言い当てる／*正鵠《せいこく》を射《い》る／急所を衝《つ》く

【擦《す》り合《あ》わせる】

①二つのものを触れ合わせてこする。▽「摺り合わせる」とも書く。★両手を擦り合わせる。

②複数の意見などをつき合わせ、一つにまとまるよう調整する。★本部と現場の考えを擦り合わせる。

【寸毫《すんごう》も】

きわめてわずかも。ほんの少しも。寸分も。▽「毫」は細い毛の意。下に打ち消しの語を伴う。★寸毫もごまかしはきかない。

●同じような意の言いまわし

秋毫《しゅうごう》も／寸分も

【正鵠《せいこく》を射《い》る】

物事の急所を正しくつく。要点をしっかりと押さえる。▽「正鵠」は慣用的に「せいこう」とも読む。「正鵠を欠く」とは言わない。★正鵠を射た意見。

●同じような意の言いまわし

正鵠を得る／*図星を指す／的を射《い》る／急所を衝《つ》く／核心《かくしん》を衝《つ》く／*肯綮《こうけい》に中《あ》たる／勘所《かんどころ》を押さえる

【精彩《せいさい》を放《はな》つ】

目立って鮮やかに美しいこと。転じて、目立って生き生きとしているさま。▽「精彩」は「生彩」とも書く。★ひときわ精彩を放つ。

●同じような意の言いまわし

*異彩を放つ／光彩を放つ／水際立つ

【星霜《せいそう》を経《へ》る】

年月がたつ。▽「星霜」は年月、歳月の意。
★幾星霜を経ても美しさを失わない。
●同じような意の言いまわし
星霜を閲《けみ》する／年月《としつき》が流れる／歳月を重ねる

【聖《せい》なる】

清らかで尊い。神聖な。★聖なる儀式。


【清貧《せいひん》に甘《あま》んずる】

行いが潔白であるために貧しいのなら仕方がないと思う。★清貧に甘んずる暮らし。
●同じような意の言いまわし
清貧に安んじる

【精《せい》も根《こん》も尽《つ》き果《は》てる】

精神がすっかり疲れ切ってしまうこと。★長引く戦いに精も根も尽き果てる。
●同じような意の言いまわし
精根尽き果てる／精根を使い果たす

【声涙倶《せいるいとも》に下《くだ》る】

感情が高ぶって涙を流しながら語るさま。
★声涙倶に下る挨拶。

【贅《ぜい》を尽《つ》くす】

かぎりない贅沢をする。おごりを示す。★贅を尽くした衣装。
●同じような意の言いまわし
奢侈《しゃし》にふける／驕奢《きょうしゃ》を恣《ほしいまま》にする／金に糸目を付けない／贅沢をする

【赤貧洗《せきひんあら》うが如《ごと》し】

非常に貧しい、まるで洗い流したかのように何もないさま。▽「赤」は、何もない意。
★赤貧洗うが如し生活。
●同じような意の言いまわし
食うや食わず／*糊口《ここう》を凌《しの》ぐ／顎《あご》が干上がる

【世故《せこ》に長《た》ける】

世の中の事情に通じていて、世渡りがうまい。▽「世故」は世間の実情・習慣の意。★世故に長けている人。
●同じような意の言いまわし
世故に通じる／世知に長ける／世知賢い

【責《せ》めに任《にん》ずる】

ある事柄を自分の任務として引き受けること。★履行の責めに任ずる。
●同じような意の言いまわし
責めを負う／責めを塞ぐ／任務を負う／責任を取る／責任を負う

【世《せ》話《わ》に砕《くだ》ける】

言葉や態度が打ち解けて、庶民的になる。▽歌舞伎《かぶき》で、時代物の調子が、急にくだけた世話物の調子に変わる意から。★世話に砕けた様子で話す。

●同じような意の言いまわし
気取らない／捌《さば》ける／ざっくばらん

【詮方無《せんかたな》い】

なすべき方法がない。仕方がない。どうしようもない。▽「詮方」は当て字で、「為ん方」とも書く。★詮方無く引き返す。

●同じような意の言いまわし
*遣《や》る方無い／止《や》むを得ない

【詮《せん》ずれば】

つきつめて考えれば。つまり。結局は。★詮ずれば、はかない夢だった。

●同じような意の言いまわし
詮ずるに／詮ずる所／所詮《しょせん》／詰まる所

【先《せん》を越《こ》す】

相手より先に物事をする。先回りをする。
★ライバルに先を越される。

●同じような意の言いまわし
先を取る／先《さき》を越す／*機先を制す／先んじる／先手を打つ／イニシアチブを取る

【選《せん》を異《こと》にする】

別の部類に属する。★この犬は大変賢く、普通の犬とは選を異にする。

そ

【爪牙《そうが》に掛《か》かる】

悪い人から害を加えられたり、悪い道に引きずり込まれたりする。魔手の犠牲になる。
★刺客の爪牙に掛かる。

●同じような意の言いまわし
魔手にかかる／毒牙にかかる／餌食《じきえ》となる／犠牲となる

【相好《そうごう》を崩《くず》す】

喜びのあまり、思わずにこにこした表情になる。▽「相好」を「そうこう」とは読まない。
★羊と戯れ、相好を崩す。

●同じような意の言いまわし
笑《え》む／微笑《ほほえ》む／顔をほころばせる／*笑壺《つぼえ》に入《い》る／破顔一笑する

【俗耳《ぞくじ》に入《い》り易《やす》い】

一般の人が聞いて分かりやすい。世間の人

に受け入れられやすい。▽「俗耳」は、世人の耳の意。★俗耳に入り易い例。

●同じような意の言いまわし
*俚耳《りじ》に入り易い／俗受けする

【底《そこ》が割《わ》れる】

隠していることが分かってしまう。心底《しんてい》を見破られてしまう。★すぐに底が割れる作り話。

●同じような意の言いまわし
*尻が割れる／*馬脚を露《あらわ》す

【齟齬《そご》を来《きた》す】

物事や意見がくいちがって、意図したとおりに進まない。▽「齟齬」は、上下の歯がくいちがってうまくかみ合わないの意。★計画に齟齬を来す。

●同じような意の言いまわし
食い違う／行き違う／乖離《かいり》する

【底《そこ》を割《わ》る】

①心中を打ち明ける。隠し立てをしない。★底を割って話す。
②取引で、底値よりさらに安くなる。★大底を割る。

●同じような意の言いまわし
①腹を割る／腹心を布《し》く／肺肝を開く／*胸襟を開く／吐露する

【俎上《そじょう》に載《の》せる】

議論や批判・話題の対象として取り上げる。▽「俎《まないた》に載せる」ともいう。★外交問題を俎上に載せる。

●同じような意の言いまわし
*棚卸《たなおろ》しする／槍玉《やりだま》に挙げる

【卒爾《そつじ》ながら】

突然で失礼ではございますが。▽「卒爾」は「率爾」とも書く。★卒爾ながらお尋ねします。

●同じような意の言いまわし
唐突で恐縮ですが

【ぞっとしない】

感心しない。いい気持ちがしない。うれしくない。★ぞっとしない話。

●同じような意の言いまわし
気色が悪い／気持ち悪い／虫唾《むしず》が走る

【袖《そで》に縋《すが》る】

袖をつかまえて引き止める。頼りにして助けを求める★友人の袖に縋る。

●同じような意の言いまわし
哀願する／懇願する／泣きつく

【その限《かぎ》りではない】

先に述べた内容を受けて、その範囲にあてはまらない。対象外である。例外である。★外泊は禁止だが、特別な事由がある場合はその限りではない。

【側杖《そばづえ》を食《く》う】

そばにいたために思いがけない災難にあう。▽「側杖」は「傍杖」とも書く。★隣家の火事の側杖を食って火傷をした。

●同じような意の言いまわし
側杖を受ける／とばっちりを食う／巻き添えを食う

【空吹《そらふ》く風《かぜ》と聞《き》き流《なが》す】

聞こえないふりをして無関心を装う。いいかげんに聞く。★説教を空吹く風と聞き流す。

●同じような意の言いまわし
どこ吹く風と聞き流す／素知らぬ顔をする／馬耳東風

【空《そら》を使《つか》う】

知らないふりをする。うそをつく。★空を使って、まともにとり合わない。

●同じような意の言いまわし
空惚《とぼ》ける／白《しら》を切る／白化《しらば》くれる／素知らぬ顔をする

【其《そ》れかあらぬか】

そのためかどうか分からないが。★其れかあらぬか、それかどうか確かではないが。おぼつかない。

【乃公《だいこう》出《い》でずんば】

おれさまが出ないで、ほかの奴《やつ》に何ができるかの意。▽「乃公」は汝《なんじ》の主君の意で、男が尊大に使う自称。あとの「蒼生《そうせい》を如何《いかん》せん」と続く。中国、漢の高祖の言葉。★乃公出でずんばとばかりに指揮を執る。

●同じような意のことば
唯我独尊《ゆいがどくそん》／自負／自恃《じじ》／矜持《きょうじ》

【太鼓《たいこ》を叩《たた》く】

相手に気に入られるように、調子を合わせて相槌《あいづち》を打つ。こびる言動をする。★クライアントに太鼓を叩く。

●同じような意の言いまわし
太鼓を持つ／提灯《ちょうちん》を持つ／尻馬に乗る／尻尾《しっぽ》を振る／*意を迎える／胡麻《ごま》を擂《す》る

【大《だい》事《じ》無《な》い】

問題ない。心配する必要はない。★失敗しても大事無い。

●同じような意の言いまわし

構わない／差し障りない／差し支えない

【太《たい》平《へい》楽《らく》を並《なら》べる】

のんきに構えて好き勝手なことを言う。▽「太平楽」は、天下太平を祝う雅楽の曲名。★酒を飲みながら太平楽を並べる。

●同じような意の言いまわし

*安逸を貪《むさぼ》る／安閑と過ごす／温温《ぬくぬく》／のうのう

【体《たい》を成《な》す】

きちんとまとまった形になる。▽「体」は、姿・形の意。★文章の体を成さない。

●同じような意の言いまわし

様《さま》になる／格好がつく／表を繕《つくろ》う／表を飾る／容《かたち》を繕《つくろ》う

【斃《たお》れて後《のち》已《や》む】

強い意志をもって死ぬまで努力を続ける。▽孔子が説いた仁を体得するための心得から。〈礼記〉★斃れて後已むという生き方。

●同じような意の言いまわし

死して後已む

【逞《たくま》しゅうする】

思う存分にする。勢いを盛んにする。▽「逞しくする」の音便。「…を逞しゅうする」の形で用いる。★妄想を逞しゅうする。

●同じような意の言いまわし

募らせる

【巧《たく》まずして】

意図していたわけではないが。そのようなつもりはなかったのに。★巧まずして人生の真実を語る一言。

●同じような意の言いまわし

期せずして／図らずも／端《はし》無くも

【多《た》言《げん》を要《よう》しない】

多くの説明を必要としない。★その問題には多言を要しない。

●同じような意の言いまわし

贅言《ぜいげん》に及ばない／*言うも愚か／*言を俟《ま》たない

【ただでさえ】

ふつうの場合でも。そうでなくとも。★ただでさえ暑いのに湿度まで上がったら耐えきれない。

【啻《ただ》に】

ただ単に。▽多く、「のみならず」などの打ち消しの語と呼応する。★啻にそれのみではない。

【多《た》多《た》益《ます》益《ます》弁《べん》ず】

仕事が多くて規模が大きいほど立派にやってのける。手腕が優れていることをいう。▽「弁ず」は、処理する意。★多多益益弁ず、俺に任せてくれ。

【蹈《た》鞴《たら》を踏《ふ》む】

勢い余って踏みとどまれずに空足を踏む。▽「蹈鞴」は、足で踏む大きなふいごの意。★蹈鞴を踏んで、やっと体勢を立て直す。

●同じような意の言いまわし
蹴躓《けつまず》く／蹌《よ》踉《ろ》めく

【立《た》ち別《わか》れる】

別れ去る。別れて行く。★二人が立ち別れる。

【多《た》とする】

重要なものとして認める。非常に感謝する。★労を多とする。

●同じような意の言いまわし
恩に着る／*徳とする

【棚卸《たなおろし》する】

①他人の欠点を教えあげる。★客の棚卸をする。▽「棚卸」は「店卸」とも書く。②在庫品を整理して数量・価格などを確かめる。★年度末に棚卸する。

●同じような意の言いまわし
①品定めをする／格付けをする／品評する

【掌《たなごころ》を返《かえ》すよう】

①態度や考え方が急に変わるたとえ。★掌を返すように冷たい態度をとる。②物事が簡単にできることのたとえ。★掌を返すように容易だ。

●同じような意の言いまわし
①手のひらを返す
②手もなく／苦もなく／無造作

【掌《たなごころ》を指《さ》す】

非常に明白なことのたとえ。▽てのひらにあるものを指す意から。★それは掌を指すが如く明白だ。

●同じような意の言いまわし
手に取るよう／火を見るよりも明らか／紛れもない／*論を俟《ま》たない／自明の理

【荼《だ》毘《び》に付《ふ》す】

火葬する。▽「荼毘」は梵《ぼん》語《ご》の音写で、死骸を焼くの意。★亡骸は荼毘に付された。

●「葬儀」の意の言いまわし
野辺の送り／後《のち》の世の業《わざ》

【他《た》聞《ぶん》を憚《はばか》る】

他人に聞かれることを気にかける。他人に

聞かれたくない。★他聞を憚る事情。

●同じような意の言いまわし
*外聞を憚る／人聞き

【惰眠《だみん》を貪《むさぼ》る】

怠けて眠ってばかりいる。のらくらと何もしないで過ごす。★惰眠を貪る幸せ。

●同じような意の言いまわし
*安逸を貪《むさぼ》る／偸安《とうあん》の夢

【矯《た》めつ眇《すが》めつ】

一つの物を角度を変えながら念入りに見るさま。▽「矯める」は目を据えてじっと見る、「眇める」は片目を細めて見る意。★矯めつ眇めつ眺める。

●同じような意の言いまわし
まじまじと／繁繁《しげしげ》と

【為《ため》にする】

意図を隠して利益になることをする。下心があって行う。★為にするところあっての議論。

●同じような意の言いまわし
小股を掬《すく》う／甘い汁を吸う

【駄目《だめ》を押《お》す】

ほぼ確かなことを、念を入れて確認する。▽「駄目」は、囲碁で双方の地《じ》の境にあってどちらの地にもならない目のこと。終局後に詰める。★約束は必ず守るよう、駄目を押した。

●同じような意の言いまわし
念を押す／念には念を入れる／釘《くぎ》を刺す／*止《とど》めを刺す

【たらしめる】

そのようにさせる。★中小企業の活動が日本を工業立国たらしめる。

【たりうる】

そのような資格がある。そのようなことが十分できる。★リーダーたりうる人材。

【たりとも】

…であっても。★何人たりとも通るべからず。

【足《た》るを知《し》る】

十分だと満足する。身のほどをわきまえて欲張らない。▽「足るを知る者は富む」から。〈老子〉★足るを知る生活。

●同じような意の言いまわし
足れりとする／分を知る／*甘んずる

【だろうが】

①両方とも満たしても、どちらか一方だけを満たしても、何かをする強い決意を表す。★雨だろうが、雪だろうが、出発する。②予測不能で不安な気持ちを表す。★合格できるとよいのだろうが、心配だ。

【端倪《たんげい》すべからざる】

物事の成り行きを推測できない。規模が大きすぎて、推しはかることができない。▽「端倪」は、はじめから終わりまでの意。「端」「倪」ともに、物のきわ・はじの意。★端倪すべからざる人物。

●同じような意の言いまわし
見通しが立たない／*予断を許さない

【弾指《だんし》の間《かん》】

きわめて短い時間。わずかな時間。▽「弾指」は「たんじ・だんじ」とも読む。★弾指の間にすぎない。

●同じような意のことば
弾指頃《きょう》／束の間／瞬時／一刹那／須臾《しゅゆ》／寸陰／寸刻／一刻／寸秒／造次顚沛

【旦夕《たんせき》に迫《せま》る】

危急が今朝か今晩かと迫っている。重大な時機が差し迫っている。▽多く、生命についていう。★命《めい》、旦夕に迫る。

●同じような意の言いまわし
分秒を争う／足下に火が付く／*危殆《きたい》に瀕《ひん》する／剣が峰《みね》に立つ／*焦眉《しょうび》の急

【断腸《だんちょう》の思《おも》い】

腸がちぎれるほど悲しく、切ない思い。非常な悲しみのたとえ。★断腸の思いに耐える。

●同じような意の言いまわし
血を吐く思い／悲痛

【端《たん》を発《はっ》する】

あることがきっかけで、物語が起こる。▽「端」は、いとぐちの意。★一通の手紙に端を発する事件。

●同じような意の言いまわし
端を開く／発端となる／幕が開く／産声《うぶごえ》を上げる／口火を切る／烽火《のろし》を上げる／*緒《しょ》に就《つ》く

ち

【知遇《ちぐう》を得《え》る】

才能や人格を認められて手厚い待遇を受ける。▽多く、目上の人に認められることをいう。★伯爵の知遇を得る。

●同じような意のことば
寵遇《ちょうぐう》／殊遇／優遇／厚遇／引き立て／贔屓《ひいき》

【因《ちな》みに】

ついでにいえば、参考までにいうと。▽関連する事柄を付け加えるときに用いる語。★因みに、新郎新婦は幼なじみだ。

●同じような意の言いまわし
加うるに／さらに言えば

【地歩《ちほ》を築《きず》く】

自分の立場や地位を確かなものにする。★作家としての地歩を築いた作品。

●同じような意の言いまわし
地歩を占める／地歩を固める／身を立てる

【茶《ちゃ》にする】

①茶化す。冷やかす。ばかにする。★人の話を茶にするな。
②一休みする。休憩する。★ここらで茶にしよう。

●同じような意の言いまわし
①茶茶を入れる／*半畳を入れる／おちゃらかす／揶揄《やゆ》する／愚弄する

【地《ち》を掃《はら》う】

すっかりなくなる。まったくすたれてしまう。★地を掃うように消えた。

●同じような意の言いまわし
跡を絶つ／底を突く／底を払う／絶え果てる／影も形もない／*微塵《みじん》もない

つ

【追随《ついずい》を許《ゆる》さない】

追いつかせない。まねをさせない。他が及ばないほど優れている。★他の追随を許さない。

●同じような意の言いまわし
比類ない／群を抜く

【痛痒《つうよう》を感《かん》じない】

苦痛にならない。一向に平気である。★痛痒を感じない出来事。

●同じような意の言いまわし
痛くも痒くもない／涼しい顔／事ともしない／事も無げ／蛙《かえる》の面《つら》に水

【杖《つえ》とも柱《はしら》とも頼《たの》む】

非常に頼りにする。★彼女は、私が杖とも柱とも頼む人だ。

●同じような意の言いまわし
*袖に縋《すが》る／凭《もた》れ掛かる／頼みの綱／命の綱と頼む

【杖《つえ》を曳《ひ》く】

杖を手に歩く。散歩する。★近くの公園に杖を曳く。

●同じような意の言いまわし
足に任せる／散策する／逍遥《しょうよう》する

【憑《つ》き物《もの》が落《お》ちたよう】

人間に乗り移っていたものが取り除かれたように、普通の状態にもどるようす。★憑き物が落ちたような顔つき。

【出来得《できう》べくんば】

できることなら。できるならば。★出来得べくんば、彼を敵に回したくはなかった。

【出来《でき》ない相談《そうだん》】

持ちかけられてもできない無理な話。実現するはずのない事柄。★どんなに頼まれても、それは出来ない相談だ。

●同じような意の言いまわし
無理な注文／無理難題／手に余る／手に負えない／一筋縄《ひとすじなわ》で行かない

【鉄槌《てっつい》を下《くだ》す】

厳しい制裁を加える。厳罰に処する。▽「鉄槌」は、大型のかなづちで、厳しい処置のたとえ。★主人の命を脅かすものに鉄槌を下す。

●同じような意の言いまわし
天誅を加える／目に物見せる／灸《きゅう》を据《す》える

【轍《てつ》を踏《ふ》む】

前の人と同じ過ちを繰り返す。▽転倒した前車の轍《わだち》のあとをたどって同様に転倒する意から。★今度は同じ轍を踏むわけにはいかない。

●同じような意の言いまわし
前車の轍を踏む／二の舞を演じる

【手《て》の舞《ま》い足《あし》の踏《ふ》む所《ところ》を知《し》らず】

思わず踊り出してしまうほど、うれしがるさま。非常に喜んで有頂天になるようす。
★手の舞い足の踏む所を知らず喜ぶ。

●同じような意の言いまわし
天にも昇る心持ち／欣喜雀躍《きんきじゃくやく》の態／浮かれ出す

【手《て》を拱《こまぬ》く】

腕組みをする。手出しできずにただ見ている。▽「拱く」は昔の中国で、両手を胸元で重ね合わせてする敬礼のこと。★手を拱いて見ていることしかできない。

●同じような意の言いまわし
*余所《よそ》にする／座視する

【手《て》を束《つか》ねる】

何もしないで、そばでただ見ている。何もできないでいる。▽「束ねる」は、両手を組み合わせる意。★手を束ねて見守るより仕方がない。

●同じような意の言いまわし
*手を拱《こまぬ》く／*余所《よそ》にする／座視する

【天神《てんじん》を決《き》め込《こ》む】

天神様のように、大胡座《おおあぐら》をかいて座り込む。▽「天神」は、天神様で、菅原道真のこと。★桟敷席に天神を決め込む。

●同じような意の言いまわし
胡座《あぐら》をかく

【天馬空《てんばくう》を行《ゆ》く】

何物にも妨げられずに自在に活躍するたとえ。▽「天馬」は「てんま」とも読む。★天馬空を行くが如き活躍。

●同じような意の言いまわし
無人の野を行く／天空海闊《てんくうかいかつ》

【天《てん》を摩《ま》する】

天に届くほど高い。★天を摩する塔。

と

【頭角《とうかく》を現《あらわ》す】

学識や才能が優れていて、群を抜いて目立ってくる。★めきめき頭角を現す。

●同じような意の言いまわし
*一頭地を抜く／頭を擡《もた》げる／光彩を放つ／*異彩を放つ／抽《ぬき》んでる

【等閑《とうかん》に付《ふ》す】

物事を軽く見て、いい加減にしておく。なおざりにする。★等閑に付された素朴な疑問。

●同じような意の言いまわし
無視する／眼中にない／*歯牙《しが》にも掛けない／洟《はな》も引っ掛けない

【同気相求《どうきあいもと》める】

気の合った者同士は自然に寄り集まる。▽「同気」は、同じ気質の意。★同気相求めるところの親友。

●同じような意の言いまわし
類は友を呼ぶ

【同日《どうじつ》の談《だん》でない】

差がありすぎて比べものにならない。▽「同日の論でない」「日《ひ》を同《おな》じくして論《ろん》ぜず」ともいう。★彼の才能といったら、私など同日の談でない。

●同じような意の言いまわし
相撲にならない／月と鼈《すっぽん》／提灯《ちょうちん》に釣り鐘

【問《と》うに落《お》ちず語《かた》るに落《お》ちる】

聞かれたときには本音はいわないが、自分から話すときにはつい口をすべらせてしまう。▽多く、「語るに落ちる」で用いられる。★問うに落ちず語るに落ちて、思わず真実を口走った。

●同じような意の言いまわし
本音を洩《も》らす／口を割る

【当《とう》を得《え》る】

道理にかなう。理屈に合う。適当である。▽「当を失する」の対。★当を得た発言。

●同じような意の言いまわし
*理に適《かな》う／辻褄《つじつま》が合う／筋が通る

【時《とき》ならず】

思いもよらず。そのような時でないのに。★時ならず訪問を受けた。

●同じような意の言いまわし
出し抜けに／藪から棒に／寝耳に水／唐突に

【度《ど》肝《ぎも》を抜《ぬ》かれる】

ひどくびっくりさせられる。▽「度肝」は「度胆」とも書く。★不思議な魔法に度肝を抜かれる。

●同じような意の言いまわし
肝を潰《つぶ》す／*と胸を衝《つ》かれる／*胸が潰《つぶ》れる／腰を抜かす

【時《とき》世《よ》時《じ》節《せつ》】

時の成り行き。その時々の運命。★これも時世時節と諦めよう。

●同じような意のことば
時勢／趨勢《すうせい》／気運

【時《とき》を得《え》顔《がお》】

時流に乗った得意気な顔。栄えて幅《はば》を利かせている顔つき。★時を得顔に威張り散らす。

●同じような意の言いまわし
得意顔／所得顔《ところえがお》／したり顔／得意満面

【時《とき》を刻《きざ》む】

時計の針で細かく規則的に区切られるようにして、時が進む。★こちこちと時計が時を刻む音。

【得《とく》心《しん》が行《い》く】

心から納得できる。★説明を聞いて得心が行く。

●同じような意の言いまわし
合点が行く／諒《りょう》とする

【得《とく》心《しん》尽《ず》く】

互いに十分納得した上で、事に当たること。★得心尽くで別れる。

●同じような意の言いまわし
納得尽く／承知の上

【徳《とく》とする】

ありがたいことだと考える。心ひそかに感謝する。★師の教えを徳とする。

●同じような意の言いまわし
恩に着る／*多とする／感佩《かんぱい》措《お》くに能《あた》わず

【毒《どく》を以《もっ》て毒《どく》を制《せい》す】

悪事や悪人を利用して他の悪事や悪人を抑える。★毒を以て毒を制すこともいとわない。

●同じような意の言いまわし
夷《い》を以て夷を制す

【兎角《とこう》するうちに】

そうこうするうちに。あれやこれやしているうちに。▽「とこう」は「とかく」の音便。★兎角するうちに冬が来た。

●同じような意の言いまわし
兎角《とかく》のうちに

【床《とこ》に臥《ふ》す】

寝床に横になってねる。★病気で床に臥している。

【所《ところ》を得《え》る】

見合った場所にある。才能や能力にふさわしい地位や職に就く。★所を得て力を発揮する。

●同じような意の言いまわし
板に付く／様《さま》になる

【度《ど》し難《がた》い】

ものの道理を説いて聞かせても分からない。救いようがない。★頑固で度し難い男。

【斗酒《としゅ》なお辞《じ》せず】

一斗の酒を飲んでもまだやめない。大酒を飲むことの形容。★斗酒なお辞せずの大酒飲み。

●同じようなことば
鯨飲《げいいん》／暴飲／痛飲

【塗炭《とたん》の苦《くる》しみ】

泥にまみれ、炭火に焼かれるほどの大変な苦しみ。非常な苦しみ。★塗炭の苦しみを味わう。

●同じような意の言いまわし
血を吐く思い／身を切られる

【とつおいつ】

あれこれ思い迷って決心がつかないさま。★将来のことをとつおいつ考える。

●同じような意の言いまわし
煮え切らない／うじうじ

【止《とど》めを刺《さ》す】

①のどを刺して完全に殺す。最後の一撃を加える。★最後の止めを刺す。
②あとから苦情や文句が出ないように念を押す。★門限を守るよう、止めを刺す。
③最もすばらしい。★季節は春に止めを刺

す。

●同じような意の言いまわし
①息の根を止める
②*駄目を押す
③この上ない

【怒《ど》髪《はつ》天《てん》を衝《つ》く】

髪の毛が逆立つほど激しく怒る。★怒髪天を衝く形相。

●同じような意の言いまわし
怒髪冠を衝く／満面朱を注《そそ》ぐ／腸《はらわた》が煮え繰り返る

【土《ど》俵《ひょう》を割《わ》る】

相撲で、相手に押されて土俵から足が出て負ける。相手の勢いに押し切られる。★あっけなく土俵を割ってしまった。

●同じような意の言いまわし
押し切られる

【飛《と》ぶ鳥《とり》を落《お》とす勢《いきお》い】

権威や勢力が非常に盛んなさま。★飛ぶ鳥を落とす勢いで出世する。

●同じような意の言いまわし
日の出の勢い／破竹《はちく》の勢い／沖天《ちゅうてん》の勢い

【とまれ】

いずれにせよ。とにかく。▽「ともあれ」がつづまった言い方。★とまれ無事帰還した。

●同じような意の言いまわし
何はともあれ／*とまれかくまれ／ともあれかくもあれ

【とまれかくまれ】

こうなった以上とにかく。いずれにせよ。▽「とまれ」を強めた言い方。★とまれかくまれ生き残った。

●同じような意の言いまわし
*とまれ／何はともあれ／ともあれかくもあれ

【左《と》見《み》右《こう》見《み》】

左を見たり右を見たりする。あちこちに気を配る。★リスが出て来て左見右見している。

●同じような意の言いまわし
左顧右眄《さこうべん》

【と胸《むね》を衝《つ》かれる】

不意をつかれて、はっと驚く。▽「と」は胸を強めていう接頭語。★と胸を衝かれるような思い。

●同じような意の言いまわし
*息を呑む／*声を呑む／泡《あわ》を食う／肝を潰《つぶ》す

【とも付《つ》かず】

…にも属さず。どちらともいえず。▽「とも附かず」とも書く。★夢とも現実とも付かずとまどう。

【とも付《つ》かない】

…にも属さない。どちらともいえない。▽「とも附かない」とも書く。「ともつかぬ」ともいう。★賛成とも反対とも付かない返事をする。

【ともなく】

①特に…ということではなく。…かはよくわからないが。★猫がどこからともなく現れる。

②特に…するというつもりもなく…する。なんとなく…する。★他人の会話を聞くともなく聞く。

【虎《とら》の尾《お》を踏《ふ》む】

非常な危険を冒す。★虎の尾を踏むような真似はやめておけ。

●同じような意の言いまわし

*薄氷を踏む／危ない橋を渡る／剃刀《かみそり》の刃を渡る／深淵《しんえん》に臨む

【虎《とら》を野《の》に放《はな》つ】

危険なものを野放しにする。災いの種をまいて禍根を残すたとえ。★虎を野に放つようで心配だ。

【取《と》るに足《た》りない】

取り上げて問題にするほどの価値はない。つまらない。★取るに足りない悩みごと。

●同じような意の言いまわし

物の数《かず》ではない／*愚《ぐ》にも付かない／*益体《やくたい》もない

【問《と》わず語《がた》り】

尋ねられることなく、自分から語り出すこと。★問わず語りに身の上話をする。

【度《ど》を失《うしな》う】

平常心を失ってうろたえる。びっくりして取り乱す。★怒りで度を失う。

●同じような意の言いまわし

挙措《きょそ》を失う／前後を忘れる／面食らう

【内心忸怩《ないしんじくじ》たる思《おも》い】

胸の奥底にある恥ずかしい気持ち。恥じ入ってうしろめたい気持ち。▽「忸怩」は恥じ入る意。★このような事態となり、内心忸怩たる思いだ。

●同じような意の言いまわし
肩身が狭い／合わせる顔が無い／疚《やま》しい／寝覚めが悪い

【泣《な》いて馬謖《ばしょく》を斬《き》る】

規律を守らない者は私情を捨てて処分する。▽中国三国時代、諸葛《しょかつ》孔明《こうめい》が深く信頼していた部下の馬謖の軍規違反をとがめて処刑した故事から。〈三国志〉★泣いて馬謖を斬るほかに、選ぶ道はなかった。


【名《な》うての】

ある分野で評判の高い。有名な。著名な。★名うての剣客。

●同じような意の言いまわし
名高い／高名な／名立たる／*名にし負う／音に聞こえた

【無《な》かる可《べ》からず】

なければならない。▽「なからざるべからず」と言うのは誤り。★恥ずること無かる可からず。

●同じような意の言いまわし
無くんばある可《べ》からず

【泣《な》きを見《み》る】

泣きたくなるようなつらい思いをする。苦境に立たされる。★怠けていると今に泣きを見るよ。

●同じような意の言いまわし
*辛酸を嘗める／吠え面をかく

【無《な》くもがな】

いっそのこと、ないほうがよい。★無くもがなの一言。

●同じような意の言いまわし
あらずもがな

【無《な》しとしない】

ないとはいえない。★疑問無しとしない。

●同じような意の言いまわし
無きにしも非《あら》ず／無きをえない

【為《な》すある人《ひと》】

将来性に富んでいる人。立派な仕事をする人。★為すある人たる可し。


【納得《なっとく》尽《ず》く】

十分に納得した上であること。★すべて納得尽くのことだ。


【名《な》にし負《お》う】

その名にふさわしい。名実ともに評判である。★名にし負う富士の山。

●同じような意の言いまわし
名に負う

【何《なに》にまれ】

何であろうと。何にかぎらず。★何にまれ手当たり次第に投げた。

●同じような意の言いまわし
何にもあれ

【何《なに》をおいても】

何をさしおいてでも。何事にも優先して。★何をおいても安全を守らなくてはならない。

【何《なに》をか言《い》わんや】

あきれて言う言葉もない。何を言ってもむだである。▽「か」は反語の助詞。★そんなことも知らないとは、何をか言わんやだ。

【名《な》のある】

世間から信用や人望を得ており、広く知られている。★名のある貴族の屋敷。

●同じような意の言いまわし
開いた口が塞《ふさ》がらない／二の句が継げない

【那《な》辺《へん》】

どのあたり。どのへん。どこ。▽「奈辺」とも書く。★大臣の真意は那辺にあるか、つきとめよ。

●同じような意の言いまわし
何《ど》の辺／何処《いずこ》

【生木《なまき》を裂《さ》く】

愛し合っている男女を無理やり別れさせる。★生木を裂くような別れ。

●同じような意の言いまわし
仲を裂く

【生半《なまなか》】

中途半端なさま。なまじっか。▽「生中」とも書く。★生半な同情などいらない。

●同じような意の言いまわし
生半可《なまはんか》／なまじっか／なまじい／半《なから》半尺《はんじゃく》

【蔑《なみ》する】

軽く見る。あなどる。★対戦相手を蔑する。

●同じような意の言いまわし
軽んずる／蔑《ないがし》ろにする

【習《なら》い性《せい》と成《な》る】

習慣が身につけば生まれつきの性質のようになる。▽中国古代、殷《いん》の宰相、伊尹《いいん》が湯王の子、太甲をいさめた言葉から。〈書経〉
★努力を続けることが、習い性と成っている。

●同じような意の言いまわし
習い自然の如《ごと》し

【なるもの】

…というもの。…とかいうもの。★神なるもの。


【なればこそ】

…だからこそ。★長年の親友なればこそ気遣いが必要だ。


【成《な》ろう事《こと》なら】

できることなら。★成ろう事なら無事に帰りたい。
●同じような意の言いまわし
なろうなら

【難色《なんしょく》を示《しめ》す】

不承知の態度を見せる。★立ち退きに難色を示す。

●同じような意の言いまわし
首を横に振る／*頭《かぶり》を振る

【何《なん》ぞ知《し》らん】

驚いたことに。思いがけないことに。★何ぞ知らん、彼女はすぐに回復した。
●同じような意の言いまわし
何ぞ図らん

【垂《なんな》んとする】

今まさになろうとする。もう少しでなろうとする。▽「なりなんとする」の転じたもの。★十年に垂んとする歳月。


【何《なん》の顔《かんばせ》あって】

どんな顔をして。よく恥ずかしくもなく。★何の顔あって故郷に帰らんや。
●同じような意の言いまわし
どの面《つら》下げて

【何《なん》のことはない】

大したことではない。取り立てて言うほどのことではない。★宝石かと思ったが、何のことはない、ただの石だった。

に

【逃《に》げを張《は》る】

逃げる用意をする。責任などをのがれようと策を講じる。★万一の事態に備えて逃げを張る。
●同じような意の言いまわし
逃げを打つ／逃げ支度《じたく》をする

【錦《にしき》を飾《かざ》る】

立身出世して故郷に帰る。▽「錦」は美しく立派な着物の意から。★横綱となって故郷に錦を飾る。
●同じような意の言いまわし
錦を着る／故郷に錦を飾る／身を立てる／*世に出る

【似《に》て非《ひ》なる】

外見は似ているが、内実はまったく違う。まがいものである。★両者は似て非なるものだ。
●同じような意の言いまわし
似而非《えせ》

【二《に》の足《あし》を踏《ふ》む】

思い切りの悪い行動をとる。ためらう。▽一歩出て、二歩目を踏みとどまる意から。★そこまで言われたら二の足を踏んでしまう。
●同じような意の言いまわし
後《しり》足《あし》を踏む／去就《きょしゅう》に迷う／逡巡《しゅんじゅん》する

【二《に》の矢《や》を継《つ》ぐ】

初めの試みに続けて、すぐに二回目を試みる。★即座に二の矢を継ぐ。
●同じような意の言いまわし
二の句を継ぐ

【鮸《に》膠《べ》もない】

少しも愛想がない。そっけない。▽「鮸膠」は「鰾膠」とも書く。★鮸膠もなく断る。
●同じような意の言いまわし
木で鼻を括《くく》る／取り付く島もない／つれない／剣もほろろ

【二《に》枚《まい》舌《じた》を使《つか》う】

前後で矛盾したことを言う。うそを言う。★二枚舌を使う呆れた男。
●同じような意の言いまわし
二言を使う

【任《にん》ずる】
①ある職務・役目につかせる。担当させる。★隊長に任ずる。②自分の任務として、責任をもって仕事をする。また、その任務が自分にふさわしいと思い込む。自任する。★役者をもって自ら任ずる。

●同じような意の言いまわし
①補する／任命する
②自任する／自負する

【抜《ぬ》き難《がた》い】

取り去ることがむずかしい。★抜き難い不信感。

【抜《ぬ》き差《さ》しならない】

身動きが取れず、どうにもならない。★抜き差しならない関係。

●同じような意の言いまわし
退《の》っ引《ぴ》きならない／足掻《あが》きが取れない／二進《にっち》も三進《さっち》も行かない／＊進退谷《きわ》まる

【抜《ぬ》け駆《が》けの功名《こうみょう》】

他人を出し抜いてあげた功績。▽ひそかに陣営を抜け出して立てた手柄の意から。★抜け駆けの功名を狙う。

●同じような意の言いまわし
早い者勝ち

【寧日《ねいじつ》が無《な》い】

気持ちの休まる日がない。平穏無事な日がない。★戦乱続きで寧日が無い。

【願《ねが》わくは】

願うところは。できることなら。★願わくはお暇をいただきたい。

●同じような意の言いまわし
願わくば／希《こいねが》わくは

の

【能事終《のうじお》われり】

おこなうべき事柄はすべておこなった。成し遂げるべきことはすべてやり遂げた。★これを以て能事終われりとする。

●同じような意の言いまわし
能事足れり

【残《のこ》り多《おお》い】

①思いどおりにならなくてくやしい。残念だ。★つまらぬ失敗から負けたので残り多い。
②別れるのがつらい。なごり惜しい。★残り多いが、ここでお別れだ。

は

【肺腑《はいふ》を衝《つ》く】

強烈な感動・感銘を与える。▽「衝く」は「突く」とも書く。★肺腑を衝く演技。

●同じような意の言いまわし
肺腑を抉《えぐ》る／肺腑を貫く／心肝に徹する／胸を打つ／胸に迫る／*琴線に触れる

【馬脚《ばきゃく》を露《あらわ》す】

ごまかしや隠し事がばれる。▽芝居で馬の足役の役者が姿を見せてしまう意から。★馬脚を露した詐欺師。

●同じような意の言いまわし
尻尾《しっぽ》を出す／化けの皮が剥《は》がれる／襤褸《ぼろ》を出す／*底が割れる

【伯仲《はくちゅう》する】

双方の力量がともに優れていて優劣がつけられないこと。▽「伯」は長兄、「仲」は次兄の意。★実力が伯仲する。

●同じような意の言いまわし
兄たり難く弟たり難し／負けず劣らず／互角／五分五分

【薄氷《はくひょう》を踏《ふ》む】

危険をおかして行動するたとえ。★薄氷を踏むような困難な状況。

●同じような意の言いまわし
危ない橋を渡る／剃刀《かみそり》の刃を渡る／*虎の尾を踏む／深淵《しんえん》に臨む

【始《はじ》まらない】

なんにもやらない。むだなことだ。★自分から行動しなければ始まらない。

●同じような意の言いまわし
虚《むな》しい／詮無《せんな》い／後の祭り

【馳《は》せ着《つ》ける】

大急ぎで到着する。走って到着する。★音

楽会へ馳せ着ける。
●同じような意の言いまわし
馳せ参じる／駆け付ける

【果《は》たせる哉《かな》】

案の定。考えていたとおり。やはり。★果たせる哉、予言は的中した。

●同じような意の言いまわし
意に違《たが》わず／案の如く

【肌《はだ》を刺《さ》す】

肌にするどい物が刺さるような刺激を与える。皮膚を刺す。★真冬の空気が肌を刺す。

【旗《はた》を巻《ま》く】

降参する。やめて引き上げる。手を引く。▽軍旗を巻く意から。「旗を揚げる」の対。★旗を巻いて逃げる。

●同じような意の言いまわし
白旗を揚げる／手を上げる／兜を脱ぐ／軍門に降る／陣門に降る

【八《はち》の字《じ》を寄《よ》せる】

考え込んだり不機嫌だったりして、しかめっ面をする。むずかしい顔をする。★八の字を寄せて黙り込む。

●同じような意の言いまわし
八を寄せる／額に皺《しわ》を寄せる／難色を示す

【ばつを合《あ》わせる】

相手の話に調子を合わせて、その場を取り繕う。▽「ばつ」は「場都合」の略という。★ばつを合わせてその場をしのぐ。

●同じような意の言いまわし
呼吸を合わせる／同調する

【鼻薬《はなぐすり》を利《き》かせる】

少額の賄賂《わいろ》を贈る。★鼻薬を利かせて思い通りにする。

●同じような意の言いまわし
鼻薬を嗅《か》がせる／袖の下を使う／賄賂を贈る

【鼻毛《はなげ》を読《よ》まれる】

魂胆を見透かされる。見くびられる。▽特に、男性が女性にあしらわれることをいう。★惚れた女に鼻毛を読まれる。

●同じような意の言いまわし
見抜く／見透かす／眉毛を読まれる／*内兜《うちかぶと》を見透かす

【憚《はばか》りながら】

①生意気な口を利くようだが。▽「憚る」は遠慮する意。★憚りながら、私はこれでも芸術家の端くれだ。

②申し上げるのも恐れ多いことだが。★憚りながら申し上げます。

●同じような意の言いまわし
②恐れながら／僭越《せんえつ》ながら

【腹《はら》を合《あ》わせる】

心を合わせる。ぐるになる。示し合わせて悪事をはたらく。★二人は腹を合わせて謀反を企てた。

●同じような意の言いまわし
手を握る／徒党を組む／片棒を担ぐ／*気脈を通じる

【馬齢《ばれい》を重《かさ》ねる】

いたずらに年を取る。▽自分の年齢を謙遜していう言葉。★むなしく馬齢を重ねる。

●同じような意の言いまわし
馬齢を加える

【覇《は》を競《きそ》う】

①権力を握るため、互いに争う。▽「覇」は昔、中国で、武力をもって諸侯を従えた者の意。★英雄たちが覇を競う。
②競技などで優勝を争う。★強豪チームが覇を競う。

●同じような意の言いまわし
覇を争う／*覇を唱える／*鎬《しのぎ》を削《けず》る／雌雄《しゆう》を決する／制覇する

【覇《は》を唱《とな》える】

①武力で天下を取る。覇者となる。★天下に覇を唱える。
②競技などの優勝者となる。★競技大会で覇を唱える。

●同じような意の言いまわし
覇権を握る／*覇を競う／頂点に立つ／制覇する

【万感交交至《ばんかんこもごもいた》る】

心の中にさまざまな感情が湧いてくる。★ここまでの道のりを思うと、万感交交至る。

●同じような意の言いまわし
万感胸に迫る／*悲喜交交

【万斛《ばんこく》の恨《うら》み】

はかりしれないほどの恨み。▽「万斛」は一万石の意で、非常に大きい容量のこと。★万斛の恨みをたたきつける。

●同じような意の言いまわし
*恨み骨髄に徹す／積年の恨み／積怨《せきえん》／修羅《しゅら》の妄執

【万事休《ばんじきゅう》す】

もはやこれ以上施す手だてがない。すべては終わりである。★こうなったら、もはや万事休すだ。

●同じような意の言いまわし
匙《さじ》を投げる／断念する／観念する／お手上げ

【万死《ばんし》に値《あたい》する】

何度死んでも償うことができない。★万死に値する行為。

【半畳《はんじょう》を入《い》れる】

他人の話をまぜかえしたり茶化したりする。▽昔、下手な役者の舞台に、観客が敷いていた半畳のござを投げ入れたことから。★半畳を入れずに聞いてくれ。

●同じような意の言いまわし
半畳を打つ／茶茶を入れる／話の腰を折る

【万已《ばんや》むを得《え》ず】

なんとも仕方がなく。▽「已む」は「止む」とも書く。★万已むを得ざる場合。

●同じような意の言いまわし
不本意ながら／心ならずも／余儀無く／渋渋／不承不承

【範《はん》を垂《た》れる】

模範を示す。手本を示す。▽「垂れる」は、目下の者に示す意。「範を仰ぐ」の対。★自ら範を垂れ、質素倹約に励む。

●「模範」の意のことば
規範／師表／儀表／亀鑑

ひ

【延《ひ》いては】

それが原因となって、さらに続いて。▽前文を受けて、その結果や展開をいう。★自分一人でなく、延いては仲間の信用にかかわる。

【日《ひ》がな一日《いちにち》】

朝から晩まで。一日中。★日がな一日、物思いにふける。

●同じような意の言いまわし
ひねもす／ひもすがら／日暮らし／終日／尽日《じんじつ》

【悲喜交交《ひきこもごも》】

悲しみと喜びとがいりまじるさま。★人生は悲喜交交だ。

●同じような意の言いまわし
一喜一憂／万感交交

【引け《ひ》を取《と》る】

他と比べておとる。負ける。★若輩者に引けを取る。

【膝《ひざ》を折《お》る】

屈従する姿勢を示す。屈服する。▽膝を折り曲げて姿勢を低くする意から。★膝を折って頼み込む。

●同じような意の言いまわし
膝を屈する／膝をかがめる／屈従する

【顰《ひそ》みに倣《なら》う】

①善悪を考えずに人まねをする。▽「顰み」は眉間にしわを寄せる意。昔、中国越《えつ》の美女西施《せいし》のしかめた顔をまねた女性が物笑いの種となった故事から。★顰みに倣って絵を描いても評価されない。
②先例を手本として見習う。★先人の顰みに倣う。

●同じような意の言いまわし
①西施の顰みに倣う
②準《なぞら》える／擬する

【額《ひたい》に汗《あせ》する】

汗を流して懸命に働く。★額に汗して働く。

●同じような意の言いまわし
汗水流す／汗水垂らす／身を粉《こ》にする

【額《ひたい》を集《あつ》める】

寄り合って相談する。★額を集めて話し合う。

●同じような意の言いまわし
膝《ひざ》を交える／膝を突き合わす／鳩首協議《きゅうしゅきょうぎ》する

【畢竟《ひっきょう》するに】

結局のところ。要するに。▽「畢竟」は仏教で、究極の意。★成功とは畢竟するに努力の賜物だ。

●同じような意の言いまわし
畢竟／詰まる所／とどのつまり／所詮《しょせん》

【筆舌《ひつぜつ》に尽《つ》くし難《がた》い】

文章や言葉では、とうてい十分に表現できない。★筆舌に尽くし難い苦しみ。

●同じような意の言いまわし
筆紙に尽くし難い／*言語に絶する／言葉に余る／*名状し難《がた》い／*えも言われぬ

【匹夫《ひっぷ》の勇《ゆう》】

血気にはやるだけの向こうみずな勇気。▽「匹夫」は取るに足りない男の意。★一人で突入するのは匹夫の勇というものだ。

●同じような意の言いまわし
血気の勇／蛮勇／小勇

【人《ひと》も無《な》げ】

人を人とも思わないさま。人前をはばからないさま。★人も無げに振る舞う。

●同じような意の言いまわし
傍若無人

【日《ひ》ならずして】
日が経たないうちに。それからしばらくして。間もなく。★日ならずして真相が明らかになった。

●同じような意の言いまわし
日ならず／遠からず／程なく／幾許《いくばく》もなく

【微《び》に入《い》り細《さい》を穿《うが》つ】
非常に細かい点まで念を入れる。★微に入り細を穿った説明。

●同じような意の言いまわし
微に入り細に亘《わた》り

【髀肉《ひにく》の嘆《たん》】
自分の才能を発揮する機会のないことを嘆くたとえ。▽中国三国時代、蜀《しょく》の劉備《りゅうび》が、長い間いくさがなくて馬に乗らずにいたため、ももが肥え太ったのを嘆いたという故事から。★髀肉の嘆をもらす。

●同じような意の言いまわし
髀肉を託《かこ》つ

【日《ひ》に月《つき》に】
日ごと月ごとに。月日のたつにつれて。★日に月に不安が募る。

●同じような意の言いまわし
日を追って／日に日に／日増しに

【非《ひ》の打《う》ち所《どころ》がない】
非難すべき欠点がない。完全だ。★非の打ち所がない人。

●同じような意の言いまわし
点の打ち所がない／文句無し／完全無欠／完璧《かんぺき》

【平仄《ひょうそく》が合《あ》わない】
物事のつじつまが合わない。矛盾がある。▽「平仄」は漢詩で、平声《ひょうしょう》の字と仄声《そくせい》の字の配列法のこと。★平仄が合わない話。

●同じような意の言いまわし
てにをはが合わない

【氷炭相容《ひょうたんあいい》れず】
氷と炭のように性質が互いに反対で一致しない。★二人は氷炭相容れず、ついに決別した。

●同じような意の言いまわし
*相容れない／背反《はいはん》する／平行線を辿《たど》る／扞格《かんかく》がある

【日《ひ》を重《かさ》ねる】
日数が経つ。日数を積む。▽「日数《ひかず》を重ねる」ともいう。★日を重ねるごとに新緑が濃くなる。

【非《ひ》を鳴《な》らす】

はげしく非難する。★王の無策に非を鳴らす。

●**同じような意の言いまわし**
非を打つ／難じる／痛棒を食らわす／槍玉《やりだま》に挙げる

ふ

【風雲急《ふううんきゅう》】

いまにも大きな出来事が起こりそうなさま。世の中が急激に変わりそうなさま。▽「風雲」は天候が険悪の意で、変事の起こりそうな気配をいう。★戦況はまさに今、風雲急を告げている。

●**同じような意の言いまわし**
怪しき雲行き

【不可逆的《ふかぎゃくてき》】

逆戻りできないようす。★不可逆的な変化。

【不覚《ふかく》にも】

注意をおこたって失敗するようす。そうするつもりはなくても、いつの間にかそうしてしまうようす。★不覚にも一本取られる。

【不興《ふきょう》を買《か》う】

目上の人の機嫌を損ねる。★君主の不興を買う。

●**同じような意の言いまわし**
勘気《かんき》を被《こうむ》る

【含《ふく》む所《ところ》がある】

心の中に恨みや怒りなどをいだいている。★彼には何か含む所があるらしい。

●**同じような意の言いまわし**
根に持つ／腹に持つ

【符節《ふせつ》を合《あ》わせる】

二つの物事がぴったりと一致する。▽「符節」は、中央に印を押して二つに割った木や竹の札《ふだ》。契約の証拠とするもの。★二人の話は全く符節を合わせるようだった。

●**同じような意の言いまわし**
割符《わりふ》が合う／合致する／符合する

【物議《ぶつぎ》を醸《かも》す】

世間の論議を呼ぶ。世間の問題となる。▽「物議」は、世間のやかましい議論の意。★物議を醸す発言。

●同じような意の言いまわし
取り沙汰する／論議の的になる／*事を構える

【筆《ふで》に上《のぼ》す】

文章にする。★事件について筆に上す。

●同じような意の言いまわし
筆を執《と》る／筆を起こす／筆を下ろす／筆を染める

【筆《ふで》を擱《お》く】

文章を終わりにする。書き終える。書くのをやめる。★長篇小説の筆を擱く。

●同じような意の言いまわし
擱筆《かくひつ》する／筆を投げる／脱稿する

【筆《ふで》を折《お》る】

文章を書くことをやめる。文筆活動をやめる。★大作を最後に筆を折る。

●同じような意の言いまわし
ペンを折る／筆を断つ／筆を捨てる

【腑《ふ》に落《お》ちない】

納得がいかない。合点がいかない。▽「腑」ははらわたのことで、心の意。★腑に落ちない話。

●同じような意の言いまわし
理解に苦しむ／割り切れない／得心が行かない

【腑《ふ》に落《お》ちる】

正しい、あるいは、理屈に合っていると実感して理解できる。納得が行く。★腑に落ちないものを感じる。

【不《ふ》平《へい》を鳴《な》らす】

やかましく不平を訴える。★余暇が少ないと不平を鳴らす。

●同じような意の言いまわし
口を尖《とが》らす／四《し》の五《ご》の言う

【不《ふ》問《もん》に付《ふ》す】

問いたださないことにする。取り立てて問題にしない。★今回の失敗は不問に付す。

●同じような意の言いまわし
大目に見る／目溢《めこぼ》しする／棚に上げる／*等閑に付す

【降《ふ》りみ降《ふ》らずみ】

雨や雪などが降ったり降らなかったり。▽「み」は、「…したり」の意の接尾語。★降りみ降らずみの空模様。

●同じような意の言いまわし
降ったりやんだり

【無《ぶ》聊《りょう》を託《かこ》つ】

退屈なことをなげく。ひまをもてあます。

★仕事がなく、無聊を託つ。

●同じような意の言いまわし
*所在無い／間がもてない

【憤懣《ふんまん》遣《や》る方《かた》ない】

怒りが心にわだかまってどうしようもない。▽「憤懣」は「忿懣」とも書く。★憤懣遣る方ない思い。

●同じような意の言いまわし
腹の虫が治まらない／腸《はらわた》が煮え繰り返る／切歯扼腕

へ

【炳《へい》として】

光り輝いて。きわめて明らかに。★炳として存す。

●同じような意のことば
煌煌《こうこう》／赫赫《かっかく》／燦燦《さんさん》

【可《べ》からざる】

…することができない。★必要欠く可からざる物。


【別《べっ》して】

とりわけ。特に。ことに。★別してこの剣は優れている。

●同じような意の言いまわし
別《わ》けても／就中《なかんずく》

【弁《べん》ずる】
①処理する。済ます。★商用を弁ずる。②見分ける。区別する。★物事の善し悪しを弁ずる。

●同じような意の言いまわし
①方《かた》を付ける／捌《さば》く／始末する
②弁別する／識別する／判別する

【辺幅《へんぷく》を飾《かざ》る】

うわべを立派に見せかける。▽「辺幅を修《しゅう》する・辺幅を修飾する」ともいう。★辺幅を飾らない人。

●同じような意の言いまわし
見栄を張る

【本《ほ》意《い》無《な》い】

思うようにならなくて残念だ。▽「本意」は、「ほんい」の「ん」の無表記形。もともと抱いていた気持ちの意。★本意無くも断った。

●**同じような意の言いまわし**

心ならずも／不本意ながら／止《や》むなく／*余儀無い

【方《ほう》図《ず》がない】

限りがない。きりがない。▽「方図」は、限度の意。★方図がない飲み方。

●**同じような意の言いまわし**

止め処《ど》ない／羽目を外す／箍《たが》を外す／野放図な

【這《ほ》う這《ほ》うの体《てい》】

やっとのことで逃げ出すさま。▽「這う這う」は、這《は》うようにかろうじて歩く意。★這々の体で逃げ帰る。

【他《ほか》ならない】

それ以外の何物でもない。まさにそのものである。▽「外ならない」とも書く。★成功は努力の結晶に他ならない。

●**同じような意の言いまわし**

*他ならぬ／余人ではない

【他《ほか》ならぬ】

ほかでもない。まさに。★他ならぬ君の頼みだ、引き受けよう。

●**同じような意の言いまわし**

正《まさ》しく／言わずと知れた

【墓《ほ》穴《けつ》を掘《ほ》る】

自分で自分の破滅や失敗の原因を作る。▽自分を葬るための穴を自分で掘る意から。★余計なことをしゃべり、墓穴を掘る。

●**同じような意の言いまわし**

自縄自縛《じじょうじばく》／自業自得／身から出た錆《さび》

【矛《ほこ》を収《おさ》める】

戦闘をやめる。▽「矛」は「鉾・戈」とも書く。★互いに矛を収める。

●**同じような意の言いまわし**

干戈《かんか》を納める／刀を引く

【縦《ほしいまま》にする】

自分のものとして、思うとおりにする。勝手気ままに振る舞う。ひとりじめにする。▽「縦」は「恣・擅」とも書く。★権力を縦にする。

●**同じような意の言いまわし**

意のまま／身勝手／得手勝手／放恣《しほう》／専横

【臍《ほ》を《ぞ》固《かた》める】

固く決心する。覚悟を決める。▽「臍」は、へそのことで、心の意。★臍を固めて戦いに臨む。

●同じような意の言いまわし
肝を据える／腹を固める／腹を決める／腹を据える／意を決する／心魂に徹する

【臍《ほぞ》を噬《か》む】

もはや及ばないことに悔いる。後悔する。▽「噬む」は「嚙む」とも書く。★臍を噬む思い。

●同じような意の言いまわし
後悔臍を噬む

【奔命《ほんめい》に疲《つか》れる】

忙しく活動して疲れる。猛烈に働く。▽「奔命」は、君主の命令に従って奔走する意。★奔命に疲れる日々。

●同じような意の言いまわし
東奔西走／馳駆《ちく》の労／天手古《てんてこ》舞い／身を粉《こ》にする

ま

【枚挙《まいきょ》に遑《いとま》がない】

たくさんありすぎて一つ一つ数え上げていられない。▽数が非常に多いことや事物がたくさんあることのたとえ。★証拠となる事実は、枚挙に遑がない。

●「数が多い」意の言いまわし
数多《あまた》／夥《おびただ》しい／盛り沢山／鈴生り／無尽蔵

【間《ま》がな隙《すき》がな】

ひまさえあればいつでも。ひっきりなしに。たえずすきをねらっているさま。★間がな隙がな遊びに来る。

●同じような意の言いまわし
明けても暮れても／陰に陽に／昼夜を舎《お》かず／四六時中

【禍禍《まがまが》しい】

悪いことが起こりそうな気配がする。縁起が悪い。▽「枉枉しい・曲曲しい」とも書く。★禍禍しい雰囲気。

●同じような意の言いまわし
忌《い》まわしい／悍《おぞ》ましい／不吉な

【罷《まか》り出《い》でる】

①身分の高い人の所から退出する。▽「出る」の謙譲語。★御前を罷り出でる。②進んで人の前に出る。参上する。▽「出る」の丁寧語。★挨拶に罷り出でる。

●同じような意の言いまわし
①退出する／拝辞する／辞する

【罷《まか》り成《な》らぬ】

決してしてはいけない。許されない。▽「ならぬ」の改まった言い方。★入ること罷り成らぬ。

【枕《まくら》を欹《そばだ》てる】

寝ながら耳をすまして何かの物音を聞こうとする。★寺の鐘を枕を欹てて聴く。

【枉《ま》げて】

無理に都合をつけて。ぜひ。しいて。▽「曲げて」とも書く。★枉げてご承知いただきたい。

●同じような意の言いまわし
是が非でも／敢《あ》えて

【紛《まご》う方《かた》なし】

まちがえようがない。確かである。明らかである。▽「紛う」は「まがう」とも読む。★紛う方なき記憶。

●同じような意の言いまわし
紛れもない／*他ならない／*掌《たなごころ》を指す／*言を俟《ま》たない

【間《ま》尺《しゃく》に合《あ》わない】

割に合わない。損になる。★間尺に合わない労働。

●同じような意の言いまわし
割を食う／損がいく

【またぞろ】

またしても。さらにまた。こりもせずにもう一度。▽「又候《またぞうろう》」の転じたもの。★またぞろ旅に出たくなる。

●同じような意の言いまわし
またもや／またまた／重ねて

【間《ま》違《ちが》っても】

どんなことがあっても。▽下に打ち消し、または禁止の語を伴う。★間違っても人に話すな。

●同じような意の言いまわし
罷《まか》り間違っても／絶対に／決して

【末《まっ》席《せき》を汚《けが》す】

仲間に加わったり、会合に同席したりすることをへりくだっていう言葉。★経営会議の末席を汚す。

【全《まっと》うする】

欠けることなく完全にする。完全に終わらせる。▽「まったくする」の転じたもの。★天寿を全うする。

●同じような意の言いまわし
為果《しおお》せる／為遂《しと》げる／成し遂げる／完遂する

【待《ま》て暫《しば》しが無《な》い】

せっかちで自制心がなく、少しの間も待っていられない。★待て暫しが無い人。

●同じような意の言いまわし
性急《せっかち》／気忙《きぜわ》しい

【眦《まなじり》を決《けっ》する】

怒ったり決心したりして、大きく目を見開く。★眦を決して敵に立ち向かう。

●同じような意の言いまわし
眦を裂く／目を剝《む》く

【見《まみ》える】

①お目にかかる。顔を合わせる。★君主に見える。
②妻として夫に仕える。★貞女二夫に見えず。

●同じような意の言いまわし
①御目見得する／*謦咳《けいがい》に接する／御目文字《おめもじ》する／会見する／対面する

【眉《まゆ》に迫《せま》る】

すぐ目の前に迫る。非常に近くなる。★巨大な岩が眉に迫る。

●同じような意の言いまわし
眼前に迫る

【眉《まゆ》に唾《つば》する】

だまされないように十分用心する。疑わしいと思う。▽眉に唾をつけると狐や狸に化かされないという俗信から。★眉に唾して聞け。

●同じような意の言いまわし
眉に唾を付ける／眉に唾を塗る／眉毛を濡らす／睫《まつげ》を濡らす／念を入れる／大事を取る

【眉《まゆ》を顰《ひそ》める】

心配事や不快感のために、眉のあたりにしわを寄せる。口には出さないが不愉快である。★乱暴な振る舞いに眉を顰める。

●同じような意の言いまわし
眉根を顰める／眉を寄せる／眉を曇らせる／顔をしかめる

【満《まん》を持《じ》す】

準備を十分にととのえて機会を待つ。▽弓を十分に引きしぼって構える意から。★満を持して登場する。

●同じような意の言いまわし
手薬煉《てぐすね》引く／牙を研ぐ／爪を研ぐ

【右《みぎ》に出《で》る者《もの》が無《な》い】

…よりも優れた人がいない。…にまさるものはない。▽「…の右に出るものが無い」の形で用いる。★武術では彼の右に出る者が無い。

●同じような意の言いまわし
並ぶ者が無い／比類ない／群を抜く／*一頭地を抜く／傑出する

【神輿《みこし》を据《す》える】

神輿が置かれたように、座り込んで動かない。じっくり落ち着いて長居をする。▽「神輿」は「御輿」とも書く。★神輿を据えて話し込む。

●同じような意の言いまわし
腰を据える／尻を据える／居座る

【操《みさお》を立《た》てる】

①貞操を守り通す。★亡夫に操を立てる。②主義・主張を変えない。志や信念を貫き通す。★信徒として操を立てる。

●同じような意の言いまわし
操を守る／貞操を尽くす／節操を守る／節義を守る

【微塵《みじん》も】

ほんの少しも。ちっとも。▽下に打ち消しの語を伴う。「微塵」はこまかいちりの意。★後悔は微塵も無い。

●同じような意の言いまわし
露ほども

【身《み》過《す》ぎ世《よ》過《す》ぎ】

暮らし。生活。生計。生活の手だて。▽同じ意味の「身過ぎ」と「世過ぎ」を重ねて強調した言葉。★身過ぎ世過ぎに易者をする。

●同じような意の言いまわし
暮らし向き／口過ぎ

【水茎《みずぐき》の跡《あと》】

筆の跡。毛筆で書いた文字や手紙。▽「水茎」は「みずくき」とも読む。★水茎の跡麗しい文面。

●同じような意の言いまわし
筆跡／手跡／墨跡／芳墨《ほうぼく》／墨痕《ぼっこん》

【水《みず》を向《む》ける】

相手の関心をそちらに向けようとして誘いかける。▽巫女《みこ》が霊魂を呼び出すときに、水をさし向けることから。★それとなく水を向ける。

●同じような意の言いまわし
仕向ける／誘い掛ける／声を掛ける

【三《み》つ指《ゆび》を突《つ》く】

親指・人差し指・中指の三本の指を畳の上などについて、丁寧にお辞儀をする。おもに、女性がする和式作法。★三つ指を突いて迎

み
みぎに⬇みつゆ

える。

【身《み》につまされる】

人の不幸などがわが身にひきくらべて思いやられる。★身につまされる話。

【見晴《みは》るかす】

はるかに遠くを見渡す。目をさえぎるものがなく広く見渡す。▽「見霽かす」とも書く。★見晴かす山々。

●同じような意の言いまわし
見晴らす

【見紛《みま》がう】

他のものと見まちがえる。▽終止形・連体形では、多く「みまごう」と発音される。★雲と見紛う桜。

●同じような意の言いまわし
見違う／見誤る／紛《まが》う／取り違える

【身罷《みまか》る】

死ぬ。亡くなる。▽肉親の死などについて用いる丁寧語。★天に身罷る。

●同じような意の言いまわし
息を引き取る／世を去る／*鬼籍《きせき》に入《い》る／不帰《ふき》の客となる／*幽明《ゆうめい》境を異《こと》にする／*空しくなる

【耳《みみ》を貸《か》す】

人の話や物音などをよく聞こうとする。相談に乗る。★ちょっと耳を貸してくれ。

●同じような意の言いまわし
聞き入る／耳を澄ます／耳を欹《そばだ》てる／*耳を立てる

【耳《みみ》を立《た》てる】

関心・興味を持って、注意して聞こうとする。★外の話し声に耳を立てる。

●同じような意の言いまわし
耳を傾ける／耳を欹《そばだ》てる／傾聴する

【耳《みみ》を聾《ろう》する】

耳が聞こえなくなるほどの非常に大きな音のひびくさま。★耳を聾する轟音。

●同じような意の言いまわし
耳を劈《つんざ》く

【身《み》も世《よ》もない】

自分のことも世間のことも考えている余裕がない。非常に悲しい。★身も世もなく泣き崩れる。

●同じような意の言いまわし
胸が裂ける／腸《はらわた》を断つ

【冥利《みょうり》に尽《つ》きる】

思わぬ福運に恵まれてありがたい。▽「冥利」は神仏の利益《りやく》の意。★女冥利に尽きる。

●同じような意の言いまわし
冥加《みょうが》に尽きる／冥加に余る

【見《み》るに忍《しの》びない】

あまりにも気の毒でまともには見ていられない。★見るに忍びない姿。

●同じような意の言いまわし
見るに耐えない／正視に耐えない／見てはいられない

【身《み》を焦《こ》がす】

気持ちが激しく高ぶる。恋慕の情をおさえ切れずに、もだえ苦しむ。★身を焦がす恋。

●同じような意の言いまわし
身を焼く／胸を焦がす／恋い焦《こ》がれる

【向《む》こうに回《まわ》す】

争いごとなどの相手側・敵側にする。▽「向こう」は、向かいあっている相手の意。★強敵を向こうに回して善戦する。

●同じような意の言いまわし
敵に回す／相対《あいたい》する

【向《む》こうを張《は》る】

負けまいと対抗する。相手に威勢や意地を示す。▽多く、「…の向こうを張る」の形で用いる。★ライバルの向こうを張ってトレーニングに励む。

●同じような意の言いまわし
張り合う／競《きそ》い合う／競《せ》り合う

【空《むな》しくなる】

死ぬ。▽中身がなくなる意から。★看病の甲斐無く空しくなる。

●同じような意の言いまわし
空しゅうなる／儚《はかな》くなる／消え入る／絶え入る／*身罷《みまか》る

【無《む》に帰《き》す】

なにもない状態に戻る。なくなってしまう。また、努力したことがむだになる。★火事で一切が無に帰した。

●同じような意の言いまわし
無になる／消え失せる／消え去る／雲散霧消《うんさんむしょう》する／元《もと》も子もない

【胸《むね》が潰《つぶ》れる】

悲しみで胸が締め付けられる。ひどくおどろく。★胸が潰れるような悲しみ。

●同じような意の言いまわし
胸が張り裂ける／胸が痛む

【旨《むね》とする】

主なことにする。重んじる。第一に大切に

する。★倹約を旨とする。

●同じような意の言いまわし
重きを置く／第一義とする

【胸《むね》に余《あま》る】

思いがつのって耐えられないほどである。★胸に余る想い。

●同じような意の言いまわし
胸が痞《つか》える／思い余る／思い悩む／*思案に余る／考え倦ねる

【胸《むね》に畳《たた》む】

心の中にきちんとしまって隠しておく。★思い出を胸に畳む。

●同じような意の言いまわし
胸に納める／胸に秘める／腹に収める

【胸《むね》を突《つ》く】

はっとさせる。びっくりさせる。▽多く、受身形で用いる。★彼の言葉に胸を突かれる。

●同じような意の言いまわし
*と胸を衝《つ》く／意表を突く／度肝を抜く

【夢寐《むび》にも】

眠っている間にも。★夢寐にも忘れない。

【宜《むべ》なる哉《かな》】

まことにもっともである。いかにもそれは道理である。▽「うべなるかな」とも読む。★あれでは失敗も宜なる哉。

●同じような意の言いまわし
*然《さ》もありなん／当然だ／無理からぬ話だ

【無用《むよう》の用《よう》】

いらないと思われていたものが、かえって役立つこと。★無用の用をなす。

め

【名状《めいじょう》し難《がた》い】

言い表すことがむずかしい。▽「名状」は、物の状態をことばで表現する意。★名状し難い悲惨な姿。

●同じような意の言いまわし
*筆舌《ひつぜつ》に尽くし難い／言語を絶する／言葉に余る／*えも言われぬ／*曰《いわ》く言い難し

【命旦夕《めいたんせき》に迫《せま》る】

いのちがこの朝までもつか晩までかという状態になる。▽「旦夕」は朝と晩の意。★患者の命旦夕に迫る。

●同じような意の言いまわし
死に瀕《ひん》する／病状が切迫する／危篤《きとく》に陥る

【命脈《めいみゃく》を保《たも》つ】

いのちを保ちつづけている。生きつづけている。▽「命脈が尽きる」の対。★かろうじて命脈を保つ。

●同じような意の言いまわし
生き長らえる／生き延びる／余命を保つ

【目《め》頭《がしら》が熱《あつ》くなる】

感動して涙が出そうになる。★この歌を聞くたびに目頭が熱くなる。

●同じような意の言いまわし
涙を覚える／涙を催《もよお》す／涙ぐむ／涙を禁じ得ない／目が潤む

【目《め》角《かど》を立《た》てる】

険しい目つきでにらむ。神経をとがらせて見る。★目角を立てるほどのことでもない。

●同じような意の言いまわし
目くじらを立てる／目を三角にする

【目《め》眩《くるめ》く】

目がくらむ。目まいがする。転じて、あるものの魅力にわれを忘れる。★目眩くばかりの幸せ。

【目《め》に一丁《いってい》字《じ》無《な》し】

まったく文字が読めない。▽「一丁字」は一つの文字の意。★目に一丁字無き者たち。

【目《め》端《はし》が利《き》く】

状況を見て適切に対処できる。▽「目端」は機転の意。★目端が利く男。

●同じような意の言いまわし
目から鼻へ抜ける／小手回しが利く／機転が利《き》く／口も八丁《はっちょう》手も八丁

【目《め》引《ひ》き袖《そで》引《ひ》き】

めくばせをしたり袖を引いたりして、無言で合図しあうさま。★目引き袖引き、嘲笑う。

【目《め》もあやな】

目がさめるほどきれいな。まばゆいばかりなきらびやかな。▽「目」は「眼」とも書く。★目もあやな衣装。

●同じような意の言いまわし
目にまばゆい

【目《め》を奪《うば》う】

人が思わず見とれる。見る人に強い印象を与える。★あまりの美しさに目を奪われる。

【目《め》を驚《おどろ》かす】

見る人をびっくりさせる。★目を驚かすばかりの金銀宝石。

●同じような意の言いまわし
目を見張らせる

【目《め》を峙《そばだ》てる】

憎しみや不安から、にらむように見つめる。また、横目で見る。▽「峙てる」は「側てる・欹てる」とも書く。★愚かな行為に目を峙てる。

●同じような意の言いまわし
目を側《そば》める／*目角を立てる／目くじらを立てる

【面皮《めんぴ》を剝《は》ぐ】

厚かましく、恥知らずな者の正体をあばく。悪事を暴露して悪人を懲らしめる。▽「面皮」はつらの皮で、世間に対する顔向けの意。★今に面皮を剥いでやるからな。

【面《めん》目《ぼく》次《し》第《だい》も無《な》い】

失策をおかして、人にあわせる顔がない。恥ずかしいかぎりである。▽「面目」は「めんもく」とも読む。★馬鹿なことをしてしまい、面目次第も無い。

【面目《めんぼく》を施《ほどこ》す】

おおいに顔が立つ。名誉を得る。▽「面目」は「めんもく」とも読む。★戦いに勝利して面目を施す。

●同じような意の言いまわし
面目を一新する

も

【蒙《もう》を啓《ひら》く】

知識のない人や道理を知らない人を教え導く。啓蒙する。★君との問答は私の蒙を啓いた。

●同じような意の言いまわし
啓蒙する／教化する／啓発する／薫陶する

【目睫《もくしょう》の間《かん》】

きわめて近い距離・時間。ごく近く。まぢか。▽目と睫《まつげ》のあいだほど近い意から。★目睫の間に迫る。

●同じような意の言いまわし
目と鼻の間《あいだ》／目と鼻の先／*指呼《しこ》の間《かん》／咫尺《しせき》の間

【以《もっ》て瞑《めい》すべし】

満足して死ぬことができる。転じて、じゅ

うぶん満足できる。★ここまで戦ってきたのだから、以て瞑すべしだ。
●「満足する」意の言いまわし
安んじる／事足れりとする

【専《もっぱ》らにする】
ひとりじめにして、意のままにする。★権力を専らにする。
●同じような意の言いまわし
縦《ほしいまま》にする／独占する

【ものかは】
ものともせず。なんとも思わずに。平気で。▽発音は「モノカワ」。★寒さもものかはと水を浴びる。
●同じような意の言いまわし
なんのその／事も無げに／平然と

【物《もの》ともしない】
自信があって障害などをなんとも思わない。頭から問題にしない。★苦労を物ともしない。
●同じような意の言いまわし
笑い飛ばす／目もくれない／取り合わない

【諸刃《もろは》の剣《つるぎ》】
使い方によって、利益にもなり不利益にもなるもののたとえ。▽刀身の両側に刃のついている剣。★痛み止めにその薬を使うのは諸刃の剣だ。
●同じような意の言いまわし
両刃《りょうば》の剣

【門戸《もんこ》を張《は》る】
①大きな家を構える。★表通りに門戸を張る。②多数の人を集めて勢力を振るう。★医者として門戸を張る。
●同じような意の言いまわし
門戸を構える／門戸を成す／*一家を成す

【門前市《もんぜんいち》を成《な》す】
その家を訪れる人の非常に多いさま。▽「門前雀羅を張る」の対。★イベントは門前市を成すにぎわいだ。
●同じような意の言いまわし
千客万来

【門前雀羅《もんぜんじゃくら》を張《は》る】
訪れる人がほとんどなく、家がうらぶれて寂しいことのたとえ。▽「雀羅」は雀《すずめ》を捕るかすみ網。「門前市を成す」の対。★皆が健康になれば医者は門前雀羅を張ることになるだろう。
●同じような意の言いまわし
閑古鳥が鳴く／歯の抜けたよう／火の消えたよう

【門《もん》を叩《たた》く】
人の家を訪ねる。転じて、弟子入りを願い出る。入門する。★吹奏楽団の門を叩く。

【やおら】

やや間をおいてから、ゆったりと動作を始めるさま。ゆっくりと行動をおこすさま。★やおら本を読み始めた。

●同じような意の言いまわし
おもむろに／そろりと／悠然と

【薬《やく》石《せき》効《こう》なく】

薬も医療も効《き》き目《め》がなく。▽「石」は、中国の古代医療に使われた石鍼《いしばり》。★薬石効なく永眠した。

【益《やく》体《たい》もない】

役に立たない。くだらない。だらしがない。しまりがない。★益体もないことに時間を費やす。

●同じような意の言いまわし
*埒《らち》もない／*愚《ぐ》にも付かない

【吝《やぶさ》かでない】

…する努力・協力を惜しまない。快く意向に添う。▽「吝か」は、物惜しみする意。★彼を推薦するに吝かでない。

●同じような意の言いまわし
いやとは言わない

【止《や》むない】

やむを得ない。仕方がない。▽「已むない」とも書く。★止むない決断。

●同じような意の言いまわし
*詮《せん》方《かた》無い／*余儀無い

【稍《やや》あって】

わずかな時間が過ぎて。しばらくして。★稍あって到着した。

【動《やや》もすれば】

物事がそのようになりがちであるさま。★動もすれば彼女に頼りがちだ。

●同じような意の言いまわし
ともすると／ともすれば／兎角《とかく》／得てして

【遣《や》る方《かた》無《な》い】

思いを晴らす手だてがない。方法がなくどうしようもない。★憤懣遣る方無い。

●同じような意の言いまわし
遣る瀬無い

【已《や》んぬる哉《かな》】

今となってはどうしようもないなあ。▽「やみぬるかな」の音便。★已んぬる哉、彼は天を仰いだ。

【優《ゆう》に】

①十分に余裕をもって。★優に一万を超える観衆。

②しとやかに。優雅に。★優に振る舞う。

●同じような意の言いまわし

①十二分に／たっぷりと

【幽明《ゆうめい》境《さかい》を異《こと》にする】

死んであの世へ行く。死に別れる。▽「幽明」を「幽冥」と書くのは誤り。★師が幽明境を異にして久しい。

●同じような意の言いまわし

幽明相隔《あいへだ》てる／今生《こんじょう》の別れ

【悠揚《ゆうよう》として迫《せま》らざる】

ゆったりと落ち着いていて物に動じそうにない。★悠揚として迫らざる態度。

●同じような意の言いまわし

泰然自若とした／沈着冷静な

【勇《ゆう》を鼓《こ》す】

勇気を奮い起こす。★勇を鼓して敵に立ち向かう。

●同じような意の言いまわし

勇気を奮う／思い切る

【雪《ゆき》を欺《あざむ》く】

雪と見間違えるほどに白い。▽多く、女性の肌の白さをいう。★雪を欺く肌。

●同じような意の言いまわし

雪白／純白

【行《ゆ》くとして可《か》ならざるはない】

非常に優れていて、すべてうまくやってのける。★行くとして可ならざるはなき天才。

●同じような意の言いまわし

不可能という文字は無い

【ゆくりなくも】

思いがけなく。偶然にも。★ゆくりなくも幼なじみに会う。

●同じような意の言いまわし

偶《たま》偶《たま》／思いがけず

【夢《ゆめ》に夢《ゆめ》見《み》る】

非常にぼんやりとしている。きわめてはかない。★夢に夢見る心地。

●同じような意の言いまわし

夢のまた夢

【努努《ゆめゆめ》】

決して。少しも。▽下に禁止・打ち消しの語を伴う。★努努忘れるな。

●同じような意の言いまわし

夢にも／夢更《ゆめさら》

【容易《ようい》ならぬ】

たやすいことではない。かなり難しい。★容易ならぬ事態。

●同じような意の言いまわし
一筋縄《ひとすじなわ》で行かない／難題である

【様子振《ようすぶ》る】

わけあり気な態度をとる。もったいぶる。★様子振った声。

●同じような意の言いまわし
気取る／思わせぶりに振る舞う

【洋《よう》の東西《とうざい》を問《と》わず】

世界中どこでも。世界共通。▽「洋」は東洋と西洋の意。★洋の東西を問わず、美しいとされるメロディ。

●同じような意の言いまわし
古今東西

【余儀無《よぎな》い】

とるべき方法がない。よんどころない。やむを得ない。★余儀無い事情。

●同じような意の言いまわし
しかたがない／是非もない／拠所《よんどころ》無い／詮無《せんな》い

【余儀無《よぎな》くされる】

しないわけにはいかなくなる。せざるを得ない。★我慢を余儀無くされる。

●同じような意の言いまわし
するしかない

【能《よ》くする】

物事を巧みに行う能力が十分にある。上手にやる。▽「善くする」とも書く。★ピアノを能くする。

●同じような意の言いまわし
うまくこなす

【縦《よ》し】

仮に…であっても。たとえ…だとしても。万一…でも。▽「縦《よ》しや」ともいう。★縦し出来るにしても、それは我が望みではない。

●同じような意の言いまわし
縦しんば／縦しや

【由無《よしな》い】

①理由がない。方法がない。★由無い主張。②やむを得ない。★由無く彼の言いなりになる。③意味がない。つまらない。★由無き妄想。

【誼《よし》みを通《つう》じる】

便宜をはかってもらうためや、打算的な目的のために、親しい関係を結ぼうとする。関係を持とうと働きかける。★実力者と誼みを通じる。

●同じような意の言いまわし
誼みを結ぶ／手を組む／手を結ぶ

【余勢《よせい》を駆《か》る】

勢いに乗る。▽「余勢」は、あることをやり遂げた後の、なお余っている勢いの意。★余勢を駆って攻め込む。

●同じような意の言いまわし
余威を駆る／*勝ちに乗じる／弾《はず》みに乗じる

【余喘《よぜん》を保《たも》つ】

なんとか生き続ける。細々と生きている。また、滅びそうなものが、かろうじて存続している。▽「余喘」は、死ぬ間際の今にも絶えそうな息の意。★わずかに余喘を保つ。

●同じような意の言いまわし
風前の灯火《ともしび》

【余所《よそ》にする】

自分に関係ないこととして顧みないでいる。疎かにする。★親の心配を余所にする。

●同じような意の言いまわし
余所に見る／目もくれない／*等閑に付す

【予断《よだん》を許《ゆる》さない】

なりゆきや結果を前もって判断することができない。★予断を許さない状況。

●同じような意の言いまわし
見通しが立たない／見通しがつかない

【由《よ》って来《きた》る】

原因となっている。由来している。★複雑な構造の由って来るところ。

●同じような意の言いまわし
因をなす／因由する

【世《よ》に出《で》る】

世間に現れる。社会に出て生計を立てる。ひとかどの人物になる。★若くして世に出る。

●同じような意の言いまわし
身を立てる／出世する／*一家を成す／一花咲かせる

【世《よ》に認《みと》められる】

世の中の人々に価値や能力があるとして受け入れられる。★発明が世に認められる。

【世《よ》にも】

非常に。とりわけ。ことのほか。★世にも不思議な物語。

【余念《よねん》が無《な》い】

他のことを考えないで、あることに一心になる。★鍛錬に余念が無い。

●同じような意の言いまわし
脇目《わきめ》も振らず／身を入れる／一心不乱に

【世《よ》の例《ため》し】

世間でよくありがちなこと。★栄枯盛衰は世の例しだ。

●同じような意の言いまわし
世の習い／人の世の常

【夜《よ》の目《め》も寝《ね》ずに】

寝るべき夜も眠らずに。寝る間も惜しんで。★夜の目も寝ずに働く。

●同じような意の言いまわし
寝食を忘れて／不眠不休で

【輿望《よぼう》を担《にな》う】

世間の人の期待を一身に背負う。★民の輿望を担って即位する。

●同じような意の言いまわし
衆望を担う／期待を担う／夢を託される

【嘉《よみ》する】

身分の高い人や目上の人などが、ほめる。よしとする。★手柄を嘉する。

●同じような意の言いまわし
頌《しょう》する／嘉賞《かしょう》する

【余命幾許《よめいいくばく》も無《な》い】

いのちがわずかしか残っていない。間もなく死ぬ身である。▽「余命」は死ぬまでのいのちの意。★病に倒れ余命幾許も無い。

●同じような意の言いまわし
*命旦夕《めいたんせき》に迫る／*余喘《よぜん》を保つ

ら

【烙印《らくいん》を押《お》される】

消し去ることのできない汚名を受ける。▽「烙印」は、昔、刑罰として罪人の額に押した焼き印。★落ちこぼれの烙印を押される。

●同じような意の言いまわし
縄目の恥を受ける／面目が潰《つぶ》れる／面目を失う

【洛陽《らくよう》の紙価《しか》を高《たか》める】

著書の評判が非常によくて、大いに売れる。▽晋《しん》の詩人左思《さし》が三都賦《さんとのふ》を発表したところ、大変な評判となり、人々が争ってこれを書き写したため、洛陽の紙の価格が上がったという故事から。★傑作を続々刊行し、洛陽の紙価を高めた。

【埒《らち》もない】

筋道立っていないで、とりとめがない。く

たらない。たわいもない。★埒もない空想。

●**同じような意の言いまわし**

*愚《ぐ》にも付かない／*益体《やくたい》もない／*取るに足りない

【俚《り》耳《じ》に入《い》り易《やす》い】

一般の人に分かりやすい。▽「俚耳」は世間一般の人々の耳。★俚耳に入り易い話。

●**同じような意の言いまわし**

*俗《ぞく》耳《じ》に入り易い

【立錐《りっすい》の余《よ》地《ち》も無《な》い】

人や物が密集していて、わずかなすきまもない意から。▽錐《きり》を立てるほどのすきまもない。★場内は立錐の余地も無い。

●**同じような意の言いまわし**

目白押し

【理《り》に落《お》ちる】

話が理屈っぽくなる。★君との話し合いはいつも理に落ちる。

●**同じような意の言いまわし**

理に詰まる／屁理屈《へりくつ》を捏《こ》ねる／能書きを並べる

【理《り》に適《かな》う】

道理に当てはまる。理屈に合う。▽「適う」は「叶う」とも書く。★理に適った説明。

●**同じような意の言いまわし**

筋が立つ／筋が通る／辻《つじ》褄《つま》が合う／*当を得る

【理《り》の当《とう》然《ぜん》】

理屈からみて、確かにそうであるはずのこと。当然のこと。★彼が反対するのも理の当然だ。

●**同じような意の言いまわし**

理の前

【理《り》も非《ひ》もない】

道理にかなっていようがいまいが、かまわない。★理も非もなくわがままを通す。

●同じような意の言いまわし
理が非でも／是が非でも／何がなんでも

【溜飲《りゅういん》が下《さ》がる】

不平不満が消えて、胸がすっきりする。気がせいせいする。▽「溜飲」は飲み込んだ飲食物が胃にたまり、胸やけがしたり口にすっぱい液が出たりする症状。★溜飲が下がる思い。

●同じような意の言いまわし
胸のつかえが下りる／胸がすく／せいせいする

【柳眉《りゅうび》を逆立《さかだ》てる】

美人が眉を吊《つ》り上げてひどく怒るさま。▽「柳眉」は美人の眉のたとえ。★彼女は柳眉を逆立てて立ち去った。

●同じような意の言いまわし
柳眉を吊り上げる／目を吊り上げる／目を三角にする

【燎原《りょうげん》の火《ひ》】

勢いが激しく、止めようもないたとえ。▽野原を焼く火の意から。多く、悪事や災厄に用いる。★暴動が燎原の火の如く広がる。

●同じような意の言いまわし
決河《けっか》の勢い／破竹《はちく》の勢い／*騎虎《きこ》の勢い

【両両相俟《りょうりょうあいま》って】

両方が互いに助け合って。双方が互いに補い合うさま。両者が一体となって。★努力と幸運が両両相俟って成功した。

●同じような意の言いまわし
同舟《どうしゅう》相救う／持ちつ持たれつ／手を繋《つな》ぐ／手を携《たずさ》える／相互扶助する

る

【累卵《るいらん》の危《あや》うき】

きわめて不安定で危険な状態にあるさま。▽「累卵」はいくつも積み重ねた卵。★累卵の危うきという場面。

●同じような意の言いまわし
*薄氷を踏む／剃刀《かみそり》の刃を渡る／*虎の尾を踏む／風前の灯火《ともしび》／*危殆《きたい》に瀕《ひん》する

【累《るい》を及《およ》ぼす】

迷惑をかける。悪影響を与える。巻き添えにする。★家族には累を及ぼすまい。

●同じような意の言いまわし
巻き添えを食わせる／側杖《そばづえ》を食わせる／波紋を投じる

【類《るい》を以《もっ》て集《あつ》まる】

似た者どうしは自然に寄り集まってくる。

★類を以て集まった仲間。

●同じような意の言いまわし
類は友を呼ぶ／牛は牛連れ

【留守《るす》を使《つか》う】

家にいるのに、いないように見せかける。不在をよそおう。★呼び鈴が鳴ったが留守を使う。

●同じような意の言いまわし
居留守を使う

れ

【裂帛《れっぱく》の気合《きあい》】

気力を込めた鋭い掛け声。▽「裂帛」は絹を裂く意で、鋭い音の形容。★裂帛の気合を込める。

ろ

【禄《ろく》を食《は》む】

給料をもらって生活する。主君に仕える。▽「禄」は、封建時代の武士や官吏の給与。★禄を食む身。


【路頭《ろとう》に迷《まよ》う】

生活の手だてがなくなり、住む家を失うほど暮らしに困る。▽「路頭」は道端の意。★失業して路頭に迷う。


【露命《ろめい》を繋《つな》ぐ】

はかない命を保つ。細々とやっとの思いで生活してゆく。▽「露命」は露《つゆ》のようにはかない命。★露命を繋ぐまでに落ちぶれる。

●同じような意の言いまわし
*口を糊《のり》する／*糊口《ここう》を凌《しの》ぐ／*赤貧洗うが如し

【論《ろん》を俟《ま》たない】

論ずるまでもない。当然のこととして明らかである。★今が非常事態であることは論を俟たない。

●同じような意の言いまわし
*言を俟《ま》たない／言うまでもない／言わずと知れた

わ

【我《わ》が意《い》を得《え》たり】

自分の考えと一致する。自分の思ったとおりになり、満足する。★我が意を得たりという顔でうなずいた。


【分《わ》かち難《がた》い】

わけることが難しい。▽「別ち難い」とも書く。★分かち難い縁で結ばれる。


【私《わたくし》する】
①公共のものを自分のもののように扱う。★政治を私する。
②自分だけのものにする。ひとりじめする。★財物を私する。

【我関《われかん》せず焉《えん》】

自分には関係がないと、超然としているさま。▽「焉」は漢文で語調を整える助字。★我関せず焉と見向きもしない。

●同じような意の言いまわし
我関せず／知らぬが仏／余所に見る

【和《わ》を講《こう》じる】

戦いをやめて仲直りすることに合意する。▽「講じる」は「媾じる」とも書く。★両国が和を講じる。

●同じような意の言いまわし
和を結ぶ／和睦《わぼく》する／講和する

五十音索引

あ

相《あい》容《い》れない……1
*相容れない……87
*哀願する……64
相《あい》前後《ぜんご》する……1
相対死《あいたいじ》に……1
相《あい》対《たい》尽《ず》く……1
*相対《あいたい》する……97
*開いた口が塞《ふさ》がらない……78
*相次ぐ……33
相《あい》半《なか》ばする……1
相《あい》俟《ま》って……1
相見《あいまみ》える……1
相《あい》和《わ》す……1
*敢《あ》えて……93
敢《あ》え無《な》くなる……1
*青筋を立てる……14
*足掻《あが》きが取れない……59、81
証《あかし》を立《た》てる……1
*暁……2、58
*胡座《あぐら》をかく……72
*明け暮れる……46
論《あげつら》う……2
*明けても暮れても……92
*曙……58
*顎《あご》が干上がる……62
朝《あさ》な朝《あさ》な……2
*朝《あさ》な朝《さ》な……2
*朝な夕な……2
*朝ぼらけ……2、58
朝《あさ》まだき……2
*朝まだき……58
足音《あしおと》を盗《ぬす》む……2
*足に任せる……70
味《あじ》のある……2
味《あじ》のない……2
*味も素っ気もない……35
*足下に火が付く……32、69
*足元にも及ばない……22
*足下《あしもと》を見る……16
与《あずか》って力《ちから》がある……2
与《あずか》り知《し》らない……2
明日《あす》は我《わ》が身《み》……2
明日《あす》をも知《し》れぬ……2
*汗水垂らす……86
*汗水流す……86
*徒疎《あだおろそ》か……3
恰《あたか》も好《よ》し……2
*当たって砕ける……35
頭《あたま》を捻《ひね》る……3
*頭を擡《もた》げる……72
婀娜《あだ》めく……3
徒《あだ》や疎《おろそ》か……3
可惜《あたら》……3
*辺《あた》りを払う……20
当《あ》たるべからざる……3
仇《あだ》をなす……3
*可惜《あったら》……3
*あっと言う間に……30
*あっと言わせる……13
*後の祭り……36、82
*跡を絶つ……70
跡《あと》をとどめる……3
豈図《あにはか》らんや……3
*阿鼻叫喚……51
*危ない橋を渡る……26、76、82
危《あぶ》なげがない……3
*甘い汁を吸う……68
*数多《あまた》……92
余《あま》り有《あ》る……3
甘《あま》んずる……4
*甘んずる……68
網《あみ》の目《め》を潜《くぐ》る……4
*危うく……27
*怪しき雲行き……88
*あやしくも……36
過《あやま》たず……4
文目《あやめ》も分《わ》かたぬ……4
*阿諛《あゆ》する……47
*荒肝を抜く……4
荒肝《あらぎも》を拉《ひし》ぐ……4
*あらずもがな……77
争《あらそ》えない……4
あらばこそ……4
*有り得べからざる……4
*有り難い……25
*有り難涙……60
有《あ》り体《てい》に言《い》う……4
有《あ》るが儘《まま》……4
有《あ》ろう事《こと》か……5
*有ろう事か有るまい事か……5
*合わせる顔が無い……77
哀《あわ》れを止《とど》める……5
*泡《あわ》を食う……75
暗暗裏《あんあんり》に……5
安逸《あんいつ》を貪《むさぼ》る……5
*安逸を貪《むさぼ》る……66、68
*安閑と過ごす……5、66

＊暗礁に乗り上げる……9、59
案《あん》ずるに……5
＊案ずるに……39
＊案に相違して……3
案《あん》に相違《そうい》する……5
＊案に違《たが》う……5
＊案の如く……83
＊案の定……50
暗黙裏《あんもくり》……5
＊意……6
謂《いい》……6
＊言い当てる……61
言《い》い得《え》て妙《みょう》……6
＊言い包《くる》める……6
言《い》い条《じょう》……6
言《い》い添《そ》える……6
＊言い繕う……6
言《い》い做《な》す……6
＊言う定……6
＊言う条……6
謂《い》う所《ところ》の……6
言《い》うなれば……6
＊言うに及ばず……6、14
＊言うに及ばない……6
＊言うにや及ぶ……6、40
＊言うまでもない……40、110
言《い》うも愚《おろ》か……6
＊言うも愚か……4
＊言うを俟《ま》たない……6、14、40
＊家を空ける……7
家《いえ》を外《そと》にする……7
＊意外や意外……3
怒《いか》り心頭《しんとう》に発《はっ》する……7
如何《いかん》とも……7
＊遺憾ながら……17、20
＊遺憾なく……30
＊異議……45
＊生き肝を抜く……4
＊生き地獄……51
＊生きた心地もしない……7
生《い》きた空《そら》もない……7
＊行き違う……64
＊行き詰まる……9
生《い》きとし生《い》けるもの……7
＊生き長らえる……51、99
息《いき》の根《ね》を殺《ころ》す……7
＊息の根を止める……7、75
＊生き延びる……99
＊生き恥をかく……7
生《い》き恥《はじ》を曝《さら》す……7
委曲《いきょく》を尽《つ》くす……7
息《いき》を切《き》る……7
＊息を凝らす……7
＊息を殺す……7
＊威儀を正す……9、14、19
＊息を詰める……7
＊異議を唱える……15
息《いき》を呑《の》む……8
＊息を呑《の》む……10、43、46、75
＊息を引き取る……32、96
幾何《いくばく》か……8
幾許《いくばく》も無《な》く……8
＊幾許《いくばく》もなく……87
＊いけぞんざい……3
＊異見……45
＊居心地が悪い……49
委細《いさい》構《かま》わず……8
異彩《いさい》を放《はな》つ……8
＊異彩を放つ……51、61、72
潔《いさぎよ》しとしない……8
些《いささ》かならず……8
＊意地になる……8
意地張《いじば》る……8
＊以心伝心……14
異心《いしん》を挟《さしはさ》む……8
安《いずく》んぞ……8
＊何処《いずこ》……78
居住《いず》まいを正《ただ》す……9
＊居住《いず》まいを正す……14、19
＊居住まいを直す……9
＊居座る……95
＊異存……45
＊痛くも痒くもない……70
＊居丈高になる……40
＊居たたまれない……49、55
＊鼬《いたち》の最後っ屁《ぺ》……34
＊板に付く……74
至《いた》らなさ……9
一議《いちぎ》に及《およ》ばず……9
＊一議に及ばず……10
＊一議もなく……9
＊一場の春夢《しゅんむ》……9
一場《いちじょう》の夢《ゆめ》……9
一度《いちど》ならず……9
＊一度ならず……10
一頓挫《いちとんざ》を来《きた》す……9
一二《いちに》を争《あらそ》う……9
＊一番槍《いちばんやり》……42
＊一部始終……48
一分《いちぶん》が立《た》たない……9

一脈《みゃく》相通ずる……9
*一脈通ずる……9
*一目置く……51
一《いち》も二《に》もなく……10
いつかな……10
*いつかないつかな……10
*一家を構える……10
*一家を立てる……10
一家《いっか》を成《な》す……10
*一家を成す……101、105
*一気……10
*一喜一憂……85
一気呵成《いっきかせい》……10
一驚《いっきょう》を喫《きっ》する……10
一計《いっけい》を案《あん》じる……10
*一向に……10
*一刻……69
*一顧だにしない……10
一顧《いっこ》も与《あた》えず……10
*一献《いっこん》を傾ける……11
*一切合切……48
*一再ならず……9
一再《いっさい》ならず……10
*一札入れる……11
一札《いっさつ》を入《い》れる……10
一粲《さん》に供する……11
一盞《いっさん》を傾《かたむ》ける……11
*一粲を博す……11
*一笑に供する……11
一笑《いっしょう》に付《ふ》す……11
一矢《いっし》を報《むく》いる……11
*一心不乱に……105
一世《いっせい》を風靡《ふうび》する……11
*一刹那……69
一線《いっせん》を画《かく》する……11
一籌《いっちゅう》を輸《ゆ》する……11
*一籌《いっちゅう》を輸《ゆ》する……59
言《い》ってみれば……11
*一点非の打ち所がない……29
一頭地《いっとうち》を抜《ぬ》く……12
*一頭地を抜く……51、72、95
*一杯食わされる……56
一敗《いっぱい》地《ち》に塗《まみ》れる……12
*一派を成す……10
*一筆入れる……11
一臂《いっぴ》の力《ちから》を貸《か》す……12
異《い》とする……12
偉《い》とするに足《た》る……12
*糸を引く……34
否《いな》めない……12
*否《いな》めない……49
意《い》に介《かい》す……12
*イニシアチブを取る……63
*意に違《たが》わず……83
意《い》のある所《ところ》……12
*命の綱と頼む……70
*意のまま……91
衣鉢《いはつ》を継《つ》ぐ……12
意表《いひょう》に出《で》る……13
意表《いひょう》を突《つ》く……13
*意表を突く……13、98
*畏怖《いふ》……59
威風《いふう》辺《あた》りを払《はら》う……13
*威風堂堂……13
未《いま》だし……13
*忌《い》まわしい……92
今際《いまわ》の際《きわ》……13
*意味……6
いみじくも……13
異名《いみょう》を取《と》る……13
*否応《いやおう》なしに……47
苟《いやしく》も……13
*いやとは言わない……102
*居留守を使う……109
射《い》るように……13
色《いろ》を失《うしな》う……13
*色を失う……29
色《いろ》を正《ただ》す……14
色《いろ》をなす……14
*色をなす……57
*異論……45
*異論を差しはさむ……15
曰《いわ》く言《い》い難《がた》し……14
*曰《いわ》く言い難し……18、98
言《い》わず語《かた》らず……14
*言わずと知れた……91、110
言《い》わずもがな……14
*言わずもがな……6
*言わば……6
*いわゆる……6、11
謂《い》われない……14
況《いわ》んや……14
意《い》を致《いた》す……14
*意を受ける……15
*意を決する……92
意《い》を注《そそ》ぐ……14
意《い》を体《たい》する……14
異《い》を立《た》てる……15
*異を立てる……15
*意を尽くす……7

異《い》を唱《とな》える……15
*異を唱える……15
意《い》を迎《むか》える……15
*意を迎える……29、65
*夷《い》を以て夷を制す……74
因果《いんが》を含《ふく》める……15
殷鑑《いんかん》遠《とお》からず……15
*慇懃《いんぎん》を重ねる……34
慇懃《いんぎん》を通《つう》じる……15
咽喉《いんこう》を扼《やく》する……15
*印綬《いんじゅ》を解く……23
*引導を渡す……15
員《いん》に備《そな》わるのみ……15
*陰に陽に……92
*因由する……105
*因をなす……105
窺《うかが》い知《し》る……16
*浮かれ出す……71
憂《う》き身《み》を窶《やつ》す……16
*憂き身を窶《やつ》す……41
*受けがいい……31
*肯《うけが》う……16
有卦《うけ》に入《い》る……16
*動かぬ……4
*うじうじ……74
*牛は牛連れ……109
*後ろめたい……31
嘘《うそ》で固《かた》める……16
疑《うたが》いを挟《はさ》む……16
*疑えば目に鬼を見る……32
転《うた》た……16
*打ち明ける……4
内兜《うちかぶと》を見透《みす》かす……16
*内兜《うちかぶと》を見透かす……83
*内兜を見る……16
*打ち解ける……35
*現《うつつ》を抜かす……16、41
*打って出る……35、58
*産声《うぶごえ》を上げる……69
宜《うべな》う……16
*宜《うべな》う……24
*うまくこなす……104
倦《う》まず撓《たゆ》まず……16
*海千山千……50
*有無を言わさず……47
烏有《うゆう》に帰《き》す……17
*烏有《うゆう》に帰す……23
*裏付ける……2
*恨み骨髄に入る……17
恨《うら》み骨髄《こつずい》に徹《てっ》す……17
*恨み骨髄に徹す……84
憾《うら》むらくは……17
*憾《うら》むらくは……20
*嬉し涙……60
*運がついてくる……16
*運が向いてくる……16
*雲散霧消《うんさんむしょう》する……97
蘊蓄《うんちく》を傾《かたむ》ける……17
云云《うんぬん》……17
蘊奥《うんのう》を極《きわ》める……17
運《うん》の尽《つ》き……17
*英姿颯爽《えいしさっそう》……13
*依怙地《えこじ》になる……8、28
*餌食《えじき》となる……63
*似而非《えせ》……80
得《え》たり賢《かしこ》し……18
*得たり賢し……18
得《え》たりや応《おう》……18
*得たりや応……18
*得たりや賢し……18
*謁見する……38
悦《えつ》に入《い》る……18
*悦に入る……18
笑壺《えつぼ》に入《い》る……18
*笑壺《えつぼ》に入《い》る……18
謁《えっ》を通《つう》ずる……18
*得手勝手……91
*得てして……102
*えならず……18
えならぬ……18
*えならぬ……18
*笑《え》む……63
*えも言われず……18
えも言《い》われぬ……18
*えも言われぬ……18、39
選《えら》ぶ所《ところ》がない……18
襟《えり》を正《ただ》す……18
*縁起を担ぐ……47
猿臂《えんぴ》を伸《の》ばす……19
遠慮《えんりょ》がち……19
*遠慮なく……8
冤《えん》を雪《そそ》ぐ……19
追《お》いつ追《お》われつ……19
老《お》いも若《わか》きも……19
快快《おうおう》として楽《たの》しまず……19
*奥義をきわめる……17
*往生際《おうじょうぎわ》……13
応接《おうせつ》に暇《いとま》がない……19
*大風呂敷を広げる……60
*大目玉を食う……40

*大目に見る……89
犯《おか》し難《がた》い……20
措《お》く能《あた》わず……20
臆面《おくめん》もなく……20
*憶面もなく……21
*後《おく》れを取る……27、59
*烏滸がましい……20
烏《お》滸《こ》の沙汰《さた》……20
*押し切られる……75
*惜しくも……3
推《お》して知《し》るべし……20
*押し並《な》べて……48
*惜しむらくは……3、17
惜《お》しむらくは……20
遅《おそ》きに失《しっ》する……20
*怖気《おぞけ》立つ……20
怖気《おぞけ》を震《ふる》う……20
*怖気《おぞけ》を震う……29
*悍《おぞ》ましい……92
*おそらく……39
*畏《おそ》れ多い……25
*恐れながら……83
御為《おため》ごかし……20
*おちゃらかす……70
*お茶を濁《にご》す……24
*お手上げ……84
*音に聞こえた……77
*驚き入る……10
*お流れ……49
己《おのれ》を虚《むな》しゅうする……21
尾羽打《おはう》ち枯《か》らす……21
*夥《おびただ》しい……92
*尾鰭《おひれ》を付ける……60
*おまけに……26
お見知《みし》り置《お》き……21
汚名《おめい》を雪《そそ》ぐ……21
*汚名を返上する……21
怖《お》めず臆《おく》せず……21
*怖《お》めず臆《おく》せず……20
*御目見得する……94
*御目文字《おめもじ》する……94
*思い当たる節がある……21
*思い余る……98
*思い描く……22
*思い起こす……42
*思いがけず……103
*思い掛けなくも……3
*思い切る……103
思《おも》い定《さだ》める……21
思《おも》い半《なか》ばに過《す》ぎる……21
思《おも》い做《な》しか……21
*思い悩む……52、98
思《おも》いに駆《か》られる……22
*思いの丈……44
*思い巡らす……22
思《おも》いも及《およ》ばない……22
*思いも寄らない……5
思《おも》いを抱《だい》く……22
*思いを致す……22
思《おも》いを馳《は》せる……22
*思いを巡らす……22
*思うに……5
*重きを置く……98
面《おもて》を犯《おか》す……22
*表を飾る……66
*表を繕《つくろ》う……66
*おもむろに……102
思《おも》わず知《し》らず……22
*思わせぶりに振る舞う……104
慮《おもんぱか》る……22
惟《おもんみ》る……22
*惟《おもんみ》る……22
*惟《おもんみ》るに……5
*及び難い……22
及《およ》びもつかない……22
*折しも……3
*折りよく……3
終《お》わりを告《つ》げる……23
*恩に着る……67、73
*恩を仇で返す……54

か

*会見する……94
*回顧する……42
骸骨《がいこつ》を乞《こ》う……23
快哉《かいさい》を叫《さけ》ぶ……23
灰燼《かいじん》に帰《き》す……23
*灰燼《かいじん》に帰す……17
会心《かいしん》の笑《え》み……23
*回想する……42
咳唾《がいだ》珠《たま》を成《な》す……23
*外泊する……7
外聞《がいぶん》を憚《はばか》る……23
*外聞を憚る……68
*垣間《かいま》見る……16
*乖離《かいり》する……64
*我意を曲げる……28
*顧みて他事を説く……24
顧《かえり》みて他《た》を言《い》う……24
*顧《かえり》みて他を言う……40
*蛙《かえる》の面《つら》に水……70

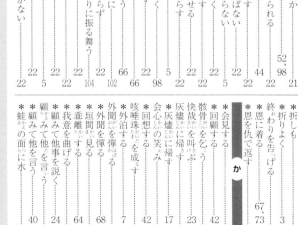

肯《がえ》んずる……24
*肯《がえ》んずる……16
顔色《かおいろ》をうかがう……24
顔色《かおいろ》を変《か》える……24
*顔《かお》が潰《つぶ》れる……9、36、44
顔《かお》に紅葉《もみじ》を散《ち》らす……24
顔《かお》をしかめる……24
*顔《かお》をしかめる……94
顔《かお》を潰《つぶ》す……24
*顔《かお》をほころばせる……63
拘《かかず》り合《あ》う……24
*かかわりない……25
佳境《かきょう》に入《い》る……24
限《かぎ》りではない……24
*限りを尽くす……25
斯《か》く言《い》う……25
*かくかく……17
*画策する……10
*核心《かくしん》を衝《つ》く……41、61
*隠すより現る……25
隔世《かくせい》の感《かん》……25
*隔世の感がある……48
*格付けをする……67
*斯《か》くの如《ごと》き……46
*擱筆《かくひつ》する……89
*影が射す……25
掛《か》け構《かま》いない……25
*駆け付ける……83
*影も形もない……70
影《かげ》を落《お》とす……25
*風下《かざしも》に立つ……27、59
*重ねて……93
*嘉賞《かしょう》する……106
頭《かしら》立《だ》つ……25
*舵《かじ》を取る……34、48
*臥薪嘗胆《がしんしょうたん》する……59
*数を頼む……56
数《かず》を尽《つ》くす……25
*風を食らう……58
*片意地を張る……8、28
忝《かたじけな》い……25
形《かたち》の上《うえ》では……25
*容《かたち》を繕《つくろ》う……66
*刀を引く……91
*肩の荷が下りる……56
*片肌脱ぐ……12
*片棒を担ぐ……84
*肩身が狭い……77
語《かた》るに落《お》ちる……25
*語るに落ちる……42
*方《かた》を付ける……90
勝《か》ちに乗《じょう》じる……26
*勝ちに乗じる……105
*勝ちに乗る……26
火中《かちゅう》の栗《くり》を拾《ひろ》う……26
勝《か》ちを拾《ひろ》う……26
*赫赫《かっかく》……90
格好《かっこう》が付《つ》く……26
*格好がつく……66
喝采《かっさい》を博《はく》する……26
*合致する……88
勝手知《かってし》ったる……26
*渇望する……41、60
刮目《かつもく》して待《ま》つ……26
*刮目して見る可《べ》し……26
*刮目に値する……26
*活路を見いだす……39
糅《か》てて加《くわ》えて……26
*糅《か》てて加えて……52
*合点が行く……73
*角角《かどかど》しい……38
鼎《かなえ》の軽重《けいちょう》を問《と》う……26
*金轡《かなぐつわ》を嵌《は》める……27
金棒《かなぼう》引《ひ》き……26
*必ず……61
*金に糸目を付けない……62
*金《かね》の足駄《あしだ》で尋ねる……27
金《かね》の轡《くつわ》を食《は》ます……27
金《かね》の草鞋《わらじ》で捜《さが》す……27
*寡は衆に敵せず……56
下風《かふう》に立《た》つ……27
*下風《かふう》に立つ……11、42、59
*株が上がる……31
*兜を脱ぐ……83
頭《かぶり》を振《ふ》る……27
*頭《かぶり》を振る……79
寡聞《かぶん》にして……27
構《かま》えて……27
*構わない……66
*剃刀《かみそり》の刃を渡る……76、82、108
*神業である……32
辛《から》くも……27
体《からだ》を許《ゆる》す……27
柄《がら》にもない……27
駆《か》られる……28
*駆り立てられる……28
かるが故《ゆえ》に……28
*軽んずる……78
*彼者誰時《かわたれどき》……2
我《が》を折《お》る……28

我《が》を立《た》てる……28
＊我を張る……28
駕《が》を枉《ま》げる……28
考《かんが》え倦《あぐ》ねる……28
＊考え倦ねる……98
＊扞格《かんかく》がある……1、87
鑑《かんが》みる……28
＊干戈を動かす……28
＊干戈《かんか》を納める……91
干戈《かんか》を交《まじ》える……28
汗顔《かんがん》の至《たい》り……28
緩急宜《かんきゅうよろ》しきを得《え》る……29
＊感極まる……30
＊勘気《かんき》を被《こうむ》る……88
雁首《がんくび》を揃《そろ》える……29
＊完結する……23
＊換言すれば……6
眼光紙背《がんこうしはい》に徹《てっ》する……29
＊眼光紙背に徹する……35
＊閑古鳥が鳴く……101
閑日月《かんじつげつ》を送《おく》る……29
＊眼《がん》紙背に透《とお》る……29
＊癇癪《かんしゃく》を起こす……43
＊感謝に堪《た》えない……25
顔色《がんしょく》無《な》し……29
＊顔色を失う……13、29
＊顔色を犯す……22
歓心《かんしん》を買《か》う……29
＊歓心を買う……31、47
＊完遂する……93
冠《かん》せられる……29
間然《かんぜん》する所《ところ》がない……29
＊眼前に迫る……94
＊完全無欠……87
＊邯鄲《かんたん》の夢……9
肝胆《かんたん》を砕《くだ》く……29
＊眼中にない……52、72
眼底《がんてい》を払《はら》う……29
＊嚙《か》んで含める……7
＊勘所《かんどころ》を押さえる……61
＊艱難辛苦《かんなんしんく》……59
＊感に堪えない……30
感《かん》に堪《た》える……30
＊観念させる……15
＊観念する……84
観念《かんねん》の臍《ほぞ》を固《かた》める……30
＊観念の眼を閉じる……30
官能的《かんのうてき》……30
＊感佩《かんぱい》措《お》くに能《あた》わず……73
＊完敗を喫する……12
間髪《かんぱつ》を容《い》れず……30
完膚無《かんぷな》きまでに……30
＊完膚無きまでに打ちのめされる……12
＊完璧《かんぺき》……87
＊顔面蒼白《そうはく》になる……13
＊顔面を紅潮させる……24
閑話《かんわ》休題《きゅうだい》……30
＊款《かん》を通じる……54
款《かん》を通《つう》ずる……30
＊款《かん》を通ずる……33、34
歓《かん》を尽《つ》くす……30
＊歓をともにする……30
利《き》いた風《ふう》……31
＊奇異に感じる……12
＊気運……73
＊消え入る……97
＊消え失せる……97
＊消え去る……97
＊喜悦する……18
奇貨《きか》居《お》くべし……31
＊奇貨居《お》くべし……32
＊気掛かり……41
気《き》が差《さ》す……31
＊着飾る……35
＊気が済む……4
＊気が咎《とが》める……31
＊亀鑑……85
＊聞き入る……96
＊嬉嬉とする……18
忌諱《きき》に触《ふ》れる……31
＊忌諱《きき》に触れる……38
＊聞き古した……34
＊危急存亡の秋《とき》……45
機嫌《きげん》気褄《きづま》を取《と》る……31
＊機嫌を取る……31
＊起稿する……42
聞《き》こえが高《たか》い……31
騎虎《きこ》の勢《いきお》い……31
＊騎虎《きこ》の勢い……108
＊気色が悪い……64
＊喜色を浮かべる……18
疑心暗鬼《ぎしんあんき》を生《しょう》ず……31
技神《ぎしん》に入《い》る……32
＊擬する……86
＊犠牲となる……63
鬼籍《きせき》に入《い》る……32
＊鬼籍《きせき》に入《い》る……96
＊期せずして……66
＊気忙《きぜわ》しい……93

＊機先を制す……63
機先《きせん》を制《せい》する……32
＊競《きそ》い合う……97
＊起草する……42
驥足《きそく》を展《の》ばす……32
危殆《きたい》に瀕《ひん》する……32
＊危殆《きたい》に瀕《ひん》する……57、69、108
＊期待を担う……106
来《きた》るべき……32
＊窺知《きち》する……16
＊危地に陥る……34
＊危地を脱する……39
＊気遣う……44
＊狐につつまれたよう……36
＊木で鼻を括《くく》る……80
＊機転が利《き》く……36、99
＊危篤《きとく》に陥る……98
＊気取らない……63
＊気取る……104
＊気にかける……12
機《き》に乗《じょう》じる……32
＊機に投じる……32
＊気のせいか……21
＊牙を研ぐ……94
＊規範……85
踵《きびす》を返《かえ》す……32
＊踵を返す……33
踵《きびす》を接《せっ》する……33
踵《きびす》を回《めぐ》らす……33
＊踵を回らす……32
＊驥尾に付く……33
驥尾《きび》に付《ふ》す……33
＊驥尾《きび》に付す……42
＊儀表……85
詭弁《きべん》を弄《ろう》する……33
きまり悪《わる》げ……33
気脈《きみゃく》を通《つう》じる……33
＊気脈を通じる……30
＊奇妙に思う……12
鬼面人《きめんひと》を威《おど》す……33
＊鬼面人を驚かす……33
＊気持ち悪い……64
肝《きも》を煎《い》る……33
肝《きも》を消《け》す……33
＊肝を据える……92
＊肝を潰《つぶ》す……8、10、34、73、75
＊肝《きも》を冷やす……20
＊疑問を感じる……16
＊逆心を抱く……8
久闊《きゅうかつ》を叙《じょ》する……34
旧交《きゅうこう》を温《あたた》める……34
＊九死に一生を得る……54
＊鳩首協議《きゅうしゅきょうぎ》する……86
＊急所を押さえる……15
＊急所を衝《つ》く……61
＊急所を握る……55
＊牛耳る……34
牛耳《ぎゅうじ》を執《と》る……34
＊牛耳を執る……48
窮地《きゅうち》に陥《おちい》る……34
＊急場を凌《しの》ぐ……39
旧聞《きゅうぶん》に属《ぞく》する……34
窮余《きゅうよ》の一策《いっさく》……34
笈《きゅう》を負《お》う……34
＊灸《きゅう》を据《す》える……71
御意《ぎょい》に入《い》る……34
＊御意に適《かな》う……34
＊御意に召す……34
＊驚愕《きょうがく》する……10
＊教化する……100
行間《ぎょうかん》を読《よ》む……34
＊行間を読む……29
胸襟《きょうきん》を開《ひら》く……35
＊胸襟を開く……64
＊矜持《きょうじ》……65
＊驕奢《きょうしゃ》を恣《ほしいまま》にする……62
＊興趣が募る……24
＊驚嘆する……10
＊驚天動地……55、59
興《きょう》に乗《じょう》ずる……35
＊興に乗る……35
曲《きょく》がない……35
＊去就《きょしゅう》に迷う……80
＊虚心坦懐《きょしんたんかい》……21
＊挙措《きょそ》を失う……76
虚《きょ》に乗《じょう》ずる……35
＊虚に乗ずる……35
＊虚につけ込む……13
挙《きょ》に出《で》る……35
虚《きょ》を衝《つ》く……35
＊虚を衝く……13、35
綺羅《きら》を飾《かざ》る……35
＊きりきり舞い……20
器量好《きりょうごの》み……35
器量《きりょう》を下《さ》げる……35
＊器量を下げる……44
＊議論する……2
＊際立って……60
＊機を逸《いっ》する……20、36
軌《き》を一《いつ》にする……36

*揆《き》を一にする……36
機《き》を伺《うかが》う……36
*期を失う……36
*気を配る……44
*機を失する……20
機《き》を失《しっ》する……36
*気を遣う……22
奇《き》を衒《てら》う……36
機《き》を見《み》るに敏《びん》……36
*気を揉《も》む……33
*欣喜雀躍《きんきじゃくやく》の態……71
*琴瑟《きんしつ》相和す……1
琴線《きんせん》に触《ふ》れる……36
*琴線に触れる……82
*食い違う……64
*食うや食わず……62
*苦境に立つ……34
*釘《くぎ》を刺す……68
苦言《くげん》を呈《てい》する……36
*草の根を分けて捜す……27
奇《く》しくも……36
*曲者《くせもの》……50
件《くだん》の……36
*口が滑る……26
*口が減らない……45
*口過ぎ……95
*口止めする……27
*口に出る……37
*口に糊する……37
*口に乗る……59
口《くち》の端《は》に掛《か》かる……37
*口の端に上《のぼ》る……37
*口走る……37
*口火を切る……58、69
*口も八丁《はっちょう》手も八丁……99
口《くち》を極《きわ》めて……37
*口を酸っぱくして……37
*口を滑らす……42
口《くち》を衝《つ》いて出《で》る……37
*口を噤《つぐ》む……46
*口を尖《とが》らす……47、54、89
口《くち》を濡《ぬ》らす……37
*口を濡《ぬ》らす……37、44
口《くち》を糊《のり》する……37
*口を糊《のり》する……37
*口を割る……73
*屈従する……86
*屈託《くったく》……41
*苦肉の策……34
愚《ぐ》にも付《つ》かない……37
*愚《ぐ》にも付かない……20、107
*愚の極み……37
愚《ぐ》の骨頂《こっちょう》……37
*愚《ぐ》の骨頂……37
頸木《くびき》を争《あらそ》う……37
*首を傾《かし》げる……16
*首を横に振る……27、79
与《くみ》する……37
*苦もなく……67
*悔やんでも悔やみきれない……50
苦楽《くらく》を共《とも》にする……38
暮《く》らしが立《た》つ……38
*暮らし向き……95
比《くら》ぶべくもない……38
*比べ物にならない……38
*愚弄する……70
*加うるに……69
*企てる……10、49
*薫陶する……100
*軍門に降る……83
*群を抜く……12、38、70、95
*鯨飲《げいいん》……74
*敬遠する……38
謦咳《けいがい》に接《せっ》する……38
*謦咳《けいがい》に接する……94
圭角《けいかく》が多《おお》い……38
*芸がない……35
*迎合する……15
敬《けい》して遠《とお》ざける……38
*継承する……12
*兄たり難く弟たり難し……82
*傾聴する……96
*啓発する……100
*啓蒙する……100
*計略をめぐらす……49
*激昂する……7
*檄する……39
*激怒する……7
逆鱗《げきりん》に触《ふ》れる……38
*逆鱗《げきりん》に触れる……31
檄《げき》を飛《と》ばす……38
*けじめを付ける……11
下種張《げすば》る……39
蓋《けだ》し……39
*決河《けっか》の勢い……31、108
*血気の勇……86
*決して……93
*傑出する……95
*蹶躓《けつまず》く……67

血路《けつろ》を開《ひら》く……39
気取《けど》られる……39
閲《けみ》する……39
＊煙たがる……38
＊けりを付ける……56
＊犬猿の仲……39
犬猿《けんえん》も啻《ただ》ならず……39
懸河《けんが》の弁《べん》……39
＊剣が峰……45
＊剣が峰《みね》に立つ……69
＊嫌疑《けんぎ》を晴らす……19
言語《げんご》に絶《ぜっ》する……39
＊言語に絶する……86
＊言語を絶する……39、98
見識張《けんしきば》る……39
＊見識ぶる……39
言辞《げんじ》を弄《ろう》する……39
権高《けんだか》に出《で》る……40
言質《げんち》を取《と》る……40
剣突《けんつく》を食《く》らう……40
犬馬《けんば》の労《ろう》をとる……40
＊剣もほろろ……80
＊験《げん》を担ぐ……47
妍《けん》を競《きそ》う……40
言《げん》を左右《さゆう》する……40
＊言を尽くして……37
＊言《げん》を食む……47
言《げん》を俟《ま》たない……40
＊言を俟《ま》たない……66、93、110
＊恋い焦《こ》がれる……97
希《こいねが》う……41
希《こいねがわ》くは……41
＊希《こいねがわ》くは……81
＊豪雨……55
甲乙《こうおつ》つけがたい……41
＊功過相半ばする……41
＊後悔臍を噬む……92
高閣《こうかく》に束《つか》ねる……41
＊好機を捕える……32
＊厚遇……69
肯綮《こうけい》に中《あ》たる……41
＊肯綮《こうけい》に中《あ》たる……61
＊煌煌《こうこう》……90
膏肓《こうこう》に入《い》る……41
後顧《こうこ》の憂《うれ》い……41
功罪《こうざい》相半《あいなか》ばする……41
＊光彩を放つ……8、61、72
嚆矢《こうし》とする……41
好事魔多《こうじまおお》し……42
＊強情を張る……28
後塵《こうじん》を拝《はい》する……42
＊黄泉《こうせん》の客となる……32
口吻《こうふん》を洩《も》らす……42
頭《こうべ》を回《めぐ》らす……42
＊高名な……77
甲羅《こうら》を経《へ》る……42
＊甲羅《こうら》を経る……43
紅涙《こうるい》を絞《しぼ》る……42
＊講和する……110
稿《こう》を起《お》こす……42
功《こう》を奏《そう》する……43
業《ごう》を煮《に》やす……43
劫《こう》を経《へ》る……43
＊劫《こう》を経る……42
＊声を掛ける……95
声《こえ》を殺《ころ》す……43
声《こえ》を大《だい》にする……43
声《こえ》を呑《の》む……43
＊声を呑む……8、34、46
声《こえ》を潜《ひそ》める……43
声《こえ》を振《ふ》り絞《しぼ》る……43
声《こえ》をやわらげる……43
＊互角……82
＊呼吸を合わせる……83
＊故郷に錦を飾る……80
極印《ごくいん》を打《う》つ……43
虚空《こくう》を摑《つか》む……43
＊小首を傾げる……16
孤閨《こけい》を守《まも》る……44
沽券《こけん》に関《かか》わる……44
＊ご光来……28
糊口《ここう》を凌《しの》ぐ……44
＊糊口《ここう》を凌《しの》ぐ……37
＊虎口《ここう》を逃れる……39
心得顔《こころえがお》で……44
＊心置き……41
＊心して……27
心付《こころづ》ける……44
＊心做しか……21
＊心ならずも……85、91
＊心に掛ける……44
心《こころ》に刻《きざ》む……44
＊心にとめる……12
心《こころ》の丈《たけ》……44
＊心を打つ……36
＊心を配る……22
心《こころ》を用《もち》いる……44
心《こころ》を揺《ゆ》さ振《ぶ》る……44
此処《ここ》を先途《せんど》と……44
＊古今東西……104

*巨細《こさい》漏らさず……48
*小賢《こざか》しい……31
来《こ》し方《かた》行《ゆ》く末《すえ》……45
古式《こしき》床《ゆか》しい……45
*五十歩百歩……18
故障《こしょう》を言《い》う……45
*腰を折る……42
*腰を据える……95
*腰を抜かす……73
こそあれ……45
御託《ごたく》を並《なら》べる……45
御多分《ごたぶん》に洩《も》れず……45
*こだわらない……25
骨髄《こつずい》に徹《てっ》する……45
*骨肉相争う……45
骨肉相食《こつにくあいは》む……45
*小手回しが利く……99
事《こと》あれかし……45
事《こと》ここに至《いた》る……46
*事足れりとする……101
事《こと》とする……46
*事《こと》ともしない……70
*殊に……60
異《こと》にする……46
*言葉に余る……14、18、39、86、98
*言葉に尽くせない……39
*言葉を卑《ひく》くする……59
言葉《ことば》を探《さが》す……46
言葉《ことば》を詰《つ》まらせる……46
*言葉を濁す……40
言葉《ことば》を呑《の》む……46
事程《ことほど》左様《さよう》に……46
*子供だまし……53
*事も無げ……70
*事も無げに……101
*事を荒立てる……46
事《こと》を構《かま》える……46
*事を構える……89
言《こと》を食《は》む……46
事《こと》を分《わ》ける……47
この上ない……75
此《こ》の期《ご》に及《およ》んで……47
小鼻《こばな》を膨《ふく》らます……47
*小鼻を膨《ふく》らます……54
媚《こび》を売《う》る……47
*媚《こび》を売る……29
*五分五分……82
*五分五分である……1
御幣《ごへい》を担《かつ》ぐ……47
*小股を掬《すく》う……68
*小回りが利く……36
*胡麻《ごま》を擂《す》る……15、29、47、65
*ご来駕……28
*ご来臨……28
*顧慮する……44
*これは如何《いか》に……47
これはしたり……47
これは要《よう》するに……47
*頃合いの……53
*頃よく……3
強面《こわもて》に出《で》る……47
*懇願する……64
*言語道断……49
今昔《こんじゃく》の感《かん》に堪《た》えない……47
*今生《こんじょう》の別れ……103

さ

*歳月を重ねる……62
最期《さいご》を遂《と》げる……48
*再再……10
細大《さいだい》漏《も》らさず……48
才長《さいた》ける……48
済度《さいど》し難《がた》い……48
才《さい》に溺《おぼ》れる……48
采配《さいはい》を振《ふ》る……48
*冴え返る……48
冴《さ》え冴《ざ》えしい……48
*冴え渡る……48
*座が持たない……49
*先《さき》を越す……63
*先んじる……63
*策をねる……49
*策をめぐらす……49
策《さく》を弄《ろう》する……49
*左顧右眄《さこうべん》……75
*さざめく……51
*差し障りない……66
*指図する……48
*座視する……71
*差し支えない……49、66
*差し響く……25
*匙《さじ》を投げる……84
然《さ》すれば……49
*誘い掛ける……95
沙汰《さた》の限《かぎ》り……49
*沙汰の外《ほか》……49
沙汰止《さたや》み……49
*左袒《さたん》する……38
*ざっくばらん……63
然《さ》なきだに……49
然《さ》なくば……49

座《ざ》に堪《た》えない……49
*捌《さば》く……90
*捌《さば》ける……63
妨《さまた》げない……49
*様《さま》になる……66、74
然《さ》もあらばあれ……49
*然もあらん……50
然《さ》もありなん……50
*然《さ》もありなん……98
*然《さ》もなくば……49、53
鞘《さや》を払《はら》う……50
*左右を顧みて他を言う……24
*然らでだに……50
*更に……52
*さらに言えば……69
然《さ》らぬだに……50
*然らぬだに……49
然《さ》りとて……50
然《さ》る者《もの》……50
然《さ》ればこそ……50
*然ればといって……50
然《さ》ればとて……50
*騒ぎ立てる……51
*さわれ……50
慙愧《ざんき》に堪《た》えない……50

*散策する……70
さんざめく……50
*ざんざめく……51
*ざんざらめく……51
*燦燦《さんさん》……90
三舎《さんしゃ》を避《さ》ける……51
*三舎を退く……51
三十六計《さんじゅうろっけい》を決《き》め込《こ》む……51
嶄然《ざんぜん》頭角《とうかく》を現《あらわ》す……51
残喘《ざんぜん》を保《たも》つ……51
*賛同する……38
*残念ながら……20
酸鼻《さんび》を極《きわ》める……51
*産を預ける……51
算《さん》を乱《みだ》す……51
産《さん》を破《やぶ》る……51
思案《しあん》投《な》げ首《くび》……52
*思案投げ首……52
思案《しあん》に余《あま》る……52
*思案に余る……52
*思案に暮れる……52
強《し》いて言《い》えば……52
*辞意を奏上する……23
*為果《しおお》せる……93

潮《しお》が差《さ》す……52
潮《しお》が引《ひ》く……52
云爾《しかいう》……52
*しかじか……17
如《し》かず……52
*しかたがない……104
歯牙《しが》にも掛《か》けない……52
*歯牙《しが》にも掛けない……72
加之《しかのみならず》……52
自家薬籠中《じかやくろうちゅう》の物《もの》……52
然《しか》らしめる……53
*然らずば……53
然《しか》らずんば……53
*然りしかして……53
然《しか》り而《しこう》して……53
然《しか》る可《べ》き……53
然《しか》る可《べ》く……53
*識見を述べる……17
*時期尚早である……13
*時宜にかない……3
*時宜にかなう……53
*児戯に等しい……53
児戯《じぎ》に類《るい》する……53
*識別する……90
時宜《じぎ》を得《え》た……53

*時機を失する……20、36
如《し》くはない……53
*繁繁《しげしげ》と……68
*自業自得……91
時好《じこう》に投《とう》ずる……53
指呼《しこ》の間《かん》……53
*指呼《しこ》の間《かん》……54、100
子細《しさい》らしい……54
*自恃《じじ》……65
獅子身中《しししんちゅう》の虫《むし》……54
*指示する……48
*死して後已む……66
*自縄自縛《じじょうじばく》……91
*私情を捨てる……21
*私心を去る……21
*辞する……92
*時勢……73
*姿勢を正す……14、19
*咫尺《しせき》の間……100
*自責の念に駆られる……50
咫尺《しせき》を弁《べん》ぜず……54
*舌打ちする……54
*強《したた》か者……50
*下手《したて》に出る……59
*したり顔……73

耳朶《じだ》を打《う》つ……54
舌《した》を鳴《な》らす……54
＊舌を巻く……8、43
＊死中に活を求める……39
死中《しちゅう》に活《かつ》を求《もと》める……54
＊死中に生を求める……54
＊実行する……35
十指《じっし》の指《さ》す所《ところ》……54
＊十指《じっし》の指す所……56
＊十手《じっしゅ》の指す所……54、56
失笑《しっしょう》を買《か》う……54
＊知ったかぶり……31
＊叱咤《しった》される……40
失地《しっち》を回復《かいふく》する……55
＊嫉妬する……57
＊尻尾《しっぽ》を出す……25、58
＊尻尾《しっぽ》を摑《つか》む……16
＊尻尾《しっぽ》を振る……65
＊尻尾《しっぽ》を巻く……58
＊実を挙げる……43
＊してやったり……18
＊為遂《しと》げる……93
＊品定めをする……67
＊死に際……13
＊死に瀕《ひん》する……98
＊死に目……13
＊自任する……81
鎬《しのぎ》を削《けず》る……55
＊鎬《しのぎ》を削《けず》る……84
＊四《し》の五《ご》の言う……89
＊篠《しの》突く雨……55
＊東雲《しののめ》……2
忍《しの》びない……55
＊師表……85
＊自負……65
＊渋渋……85
＊自負する……81
＊始末する……90
＊仕向ける……95
＊自明の理……67
死命《しめい》を制《せい》する……55
＊しめしめ……18
＊しめたぞ……18
＊紙面を賑《にぎ》わす……59
耳目《じもく》を驚《おどろ》かす……55
耳目《じもく》を属《しょく》する……55
＊しゃあしゃあと……20
車軸《しゃじく》を流《なが》す……55
＊奢侈《しゃし》にふける……62
車上《しゃじょう》の人《ひと》となる……55
斜《しゃ》に構《かま》える……55
＊邪魔が入る……42
＊洒落《しゃれ》る……35
衆寡敵《しゅうかてき》せず……56
＊終結する……23
＊秋毫《しゅうごう》も……61
＊終日……85
終止符《しゅうしふ》を打《う》つ……56
＊終息する……23
＊十二分に……30、103
執念《しゅうね》く……56
秋波《しゅうは》を送《おく》る……56
愁眉《しゅうび》を開《ひら》く……56
＊衆望を担う……106
＊衆目の一致する所……54、56
十目《じゅうもく》の見《み》る所《ところ》……56
＊十目の見る所……54
＊雌雄《しゆう》を決する……84
衆《しゅう》を頼《たの》む……56
＊殊遇……69
＊首肯《しゅこう》する……16、24
＊趣向を凝らす……60
＊手跡……95
＊出世する……105
術中《じゅっちゅう》に陥《おちい》る……56
＊須臾《しゅゆ》……69
修羅《しゅら》の巷《ちまた》と化《か》す……56
＊修羅《しゅら》の妄執……84
修羅《しゅら》を燃《も》やす……56
＊修羅《しゅら》を燃やす……17
朱《しゅ》を注《そそ》ぐ……57
＊瞬時……69
春秋《しゅんじゅう》に富《と》む……57
春秋《しゅんじゅう》の筆法《ひっぽう》……57
＊逡巡《しゅんじゅん》する……80
＊純白……103
＊峻別《しゅんべつ》する……11
＊掌握する……34
常軌《じょうき》を逸《いっ》する……57
＊証拠立てる……2
＊称賛に値する……12
＊情趣がない……35
＊焼尽する……23
＊頌《しょう》する……106
＊承知の上……73
＊掌中に収める……55
衝《しょう》に当《あ》たる……57
焦眉《しょうび》の急《きゅう》……57
＊焦眉《しょうび》の急……69
＊譲歩する……28

正面切《しょうめんき》る……57
＊小勇……86
＊逍遥《しょうよう》する……70
条理《じょうり》を尽《つ》くす……57
＊庶幾《しょき》する……41
＊食言する……47
触手《しょくしゅ》を伸《の》ばす……57
所在《しょざい》無《な》い……58
＊所在無い……90
＊所詮《しょせん》……63、86
緒《しょ》に就《つ》く……58
＊緒《しょ》に就《つ》く……69
白白《しらじら》明《あ》け……58
＊知らず知らず……22
＊知らぬ顔の半兵衛……2
＊知らぬが仏……110
＊白化《しらば》くれる……65
＊白《しら》を切る……65
＊後足《しりあし》を踏む……80
＊尻馬に乗る……65
＊知り顔……44
尻《しり》が来《く》る……58
尻《しり》が割《わ》れる……58
＊尻が割れる……64
＊尻に火が点《つ》く……57
尻《しり》に帆《ほ》を掛《か》ける……58
死力《しりょく》を尽《つ》くす……58
＊尻を据える……95
尻《しり》を持《も》ち込《こ》む……58
＊尻を持ち込む……58
＊焦《じ》れる……43
＊四六時中……92
＊白旗を揚げる……83
刺《し》を通《つう》じる……59
辞《じ》を低《ひく》くする……59
＊真意……12
＊深淵《しんえん》に臨む……76、82
＊心肝に徹する……36、82
＊心肝を砕く……29
人口《じんこう》に膾炙《かいしゃ》する……59
＊人口に膾炙《かいしゃ》する……11
人後《じんご》に落《お》ちる……59
＊人後に落ちる……11
＊心魂に徹する……92
辛酸《しんさん》を嘗《な》める……59
＊辛酸を嘗める……77
＊尽日《じんじつ》……85
＊寝食を忘れて……106
＊親切ごかし……21
進退《しんたい》谷《きわ》まる……59
＊進退谷《きわ》まる……46
心胆《しんたん》を寒《さむ》からしめる……59
神《しん》に入《い》る……59
之繞《しんにゅう》を掛《か》ける……60
＊陣門に降る……83
＊森羅万象……7
＊尽力する……40
信《しん》を置《お》く……60
＊信を取る……60
＊信を為《な》す……60
＊水火を辞せず……17
随喜《ずいき》の涙《なみだ》……60
彗星《すいせい》のごとく……60
垂涎《すいぜん》の的《まと》……60
粋《すい》を利《き》かす……60
＊粋を遣う……60
＊粋を通す……60
＊趨勢《すうせい》……73
数寄《すき》を凝《こ》らす……60
＊すぐさま……10
優《すぐ》れて……60
＊頗《すこぶ》る……8
＊筋が立つ……107
＊筋が通る……73、107
＊筋を通す……57
＊涼しい顔……70
＊鈴生り……92
図《ず》に当《あ》たる……60
＊図抜ける……12
＊ずば抜ける……51
須《すべか》らく……61
＊すべてが灰になる……17
＊図星を指す……41
図星《ずぼし》を指《さ》す……61
＊澄み渡る……48
＊相撲にならない……72
擦《す》り合《あ》わせる……61
＊するしかない……104
＊寸陰……69
寸毫《すんごう》も……61
＊寸刻……69
＊既《すんで》の所……27
＊寸秒……69
＊寸分も……61
＊贅言《ぜいげん》に及ばない……66
＊晴耕雨読……29
正鵠《せいこく》を射《い》る……61
＊正鵠《せいこく》を射《い》る……41
＊正鵠を得る……61
＊精根尽き果てる……62

＊精魂を込める……58
＊精根を使い果たす……62
精彩《せいさい》を放《はな》つ……61
＊精彩を放つ……8
＊正視に耐えない……97
＊西施の顰みに倣う……86
＊せいせいする……108
＊正正堂堂……8
＊星霜を閲《けみ》する……62
星霜《せいそう》を経《へ》る……61
＊贅沢をする……62
聖《せい》なる……62
＊制覇する……84
清貧《せいひん》に甘《あま》んずる……62
＊清貧に安んじる……62
精《せい》も根《こん》も尽《つ》き果《は》てる……62
声涙《せいるい》倶《とも》に下《くだ》る……62
＊正論を吐く……57
贅《ぜい》を尽《つ》くす……62
＊是が非でも……93、108
＊積怨《せきえん》……84
＊責任を負う……62
＊責任を取る……62
＊積年の恨み……84
＊席の温まる暇もない……20
赤貧《せきひん》洗《あら》うが如《ごと》し……62
＊赤貧洗うが如し……109
＊赤面する……24
＊赤面の至り……28
＊世間体を気にする……24
世故《せこ》に長《た》ける……62
＊世故《せこ》に長《た》ける……42
＊世故に通じる……62
＊世知賢い……62
＊世知に長ける……62
＊性急《せっかち》……93
＊節義を守る……95
＊絶賛を博する……26
＊切歯扼腕……90
＊節操を守る……95
＊絶対に……93
＊雪白……103
＊切望する……41
＊是非……61
＊是非もない……104
責《せ》めに任《にん》ずる……62
＊責めを負う……62
＊責めを塞ぐ……62
＊競《せ》り合う……97
世話《せわ》に砕《くだ》ける……62
＊僭越《せんえつ》ながら……83
＊専横……91
＊浅学非才で……27
詮方《せんかた》無《な》い……63
＊詮方《せんかた》無い……102
＊戦火を交える……28
＊千客万来……101
＊前言を翻す……47
＊前後を忘れる……76
＊千思万考する……22
＊前車の轍を踏む……71
＊全焼する……17、23
＊専心する……46
＊全身全霊を打ち込む……58
＊詮ずる所……63
＊詮ずるに……63
詮《せん》ずれば……63
＊先端……42
＊先手を打つ……32、63
＊先手を取る……32
＊詮無《せんな》い……82、104
＊専念する……46
＊先鞭《せんべん》……42
＊先鋒《せんぽう》……42
＊戦慄《せんりつ》……59
＊全力を挙げる……58
先《せん》を越《こ》す……63
選《せん》を異《こと》にする……63
＊先を取る……63
＊線を引く……11
爪牙《そうが》に掛《か》かる……63
＊想起する……42
＊早暁……2
＊相好を崩す……23
相好《そうごう》を崩《くず》す……63
＊相互扶助する……108
＊造次顛沛……69
＊相乗効果……1
＊相承する……13
＊相談もなく……9
＊俗受けする……64
俗耳《ぞくじ》に入《い》り易《やす》い……63
＊俗耳《ぞくじ》に入り易い……107
底《そこ》が割《わ》れる……64
＊底が割れる……58
齟齬《そご》を来《きた》す……64
＊底を突く……70
＊底を払う……70
底《そこ》を割《わ》る……64
俎上《そじょう》に載《の》せる……64

*素知らぬ顔をする……65
卒爾《そつじ》ながら……64
ぞっとしない……64
*外方《そっぽ》を向く……27
袖《そで》に縋《すが》る……64
*袖に縋《すが》る……70
*袖の下を使う……83
その限《かぎ》りではない……64
*側杖を受ける……65
側杖《そばづえ》を食《く》う……65
*側杖《そばづえ》を食う……58
*側杖《そばづえ》を食わせる……108
空吹《そらふ》く風《かぜ》と聞《き》き流《なが》す……65
空《そら》を使《つか》う……65
其《そ》れかあらぬか……65
*それに輪を掛けて……26
*それはさておき……30
*そろりと……102
*損がいく……93
*尊敬に値する……12

た

*第一義とする……98
乃公《だいこう》出《い》でずんば……65
太鼓《たいこ》を叩《たた》く……65
*太鼓を持つ……65
大事《だいじ》無《な》い……66
*退出する……92
*大事を取って……27
*大事を取る……94
*泰然自若とした……103
*大層……8
太平楽《たいへいらく》を並《なら》べる……66
*太平楽を並べる……5
*対面する……94
*体面を失う……9
*他意を抱く……8
体《たい》を成《な》す……66
*絶え入る……97
*絶え果てる……70
斃《たお》れて後《のち》已《や》む……66
*だが……50
*高飛車に出る……40、47
*だからといって……50
*宝の持ち腐《ぐさ》れ……41
*箍《たが》を外す……91
*諾《だく》する……24
*卓抜する……12
逞《たくま》しゅうする……66
巧《たく》まずして……66
*たくらむ……49
*竹を割ったよう……8
多言《たげん》を要《よう》しない……66
*出し抜けに……73
*多勢に無勢……56
ただでさえ……66
*ただでさえ……49、50
啻《ただ》に……66
多多益益《たたますます》弁《べん》ず……67
蹈鞴《たたら》を踏《ふ》む……67
*太刀打ちできない……22
*立ち往生する……9、59
*立ち消え……49
立《た》ち別《わか》れる……67
*脱稿する……89
*たっぷりと……103
*立て板に水……39
*たとえて言えば……6
多《た》とする……67
*多とする……73
棚卸《たなおろし》する……67
*棚卸《たなおろし》をする……64
掌《たなごころ》を返《かえ》すよう……67
掌《たなごころ》を指《さ》す……67
*掌《たなごころ》を指す……93
*棚に上げる……89
*頼みの綱……70
*度度《たびたび》……10
荼毘《だび》に付《ふ》す……67
*多分……39
他聞《たぶん》を憚《はばか》る……67
*偶偶《たまたま》……103
惰眠《だみん》を貪《むさぼ》る……68
矯《た》めつ眇《すが》めつ……68
為《ため》にする……68
駄目《だめ》を押《お》す……68
*駄目を押す……75
たらしめる……68
たりうる……68
たりとも……68
足《た》るを知《し》る……68
*足れりとする……68
だろうが……68
端倪《たんげい》すべからざる……69
*弾指《だんし》頃《きょう》……69
弾指《だんし》の間《かん》……69
旦夕《たんせき》に迫《せま》る……69
断腸《だんちょう》の思《おも》い……69
*単刀直入……57
*断念する……84
端《たん》を発《はっ》する……69

*端を開く……69
*知恵が回る……36
*近寄り難い……20
*力になる……12
知遇《ちぐう》を得《え》る……69
*馳駆《ちく》の労……92
*知識を披露する……17
*血で血を洗う……45
因《ちな》みに……69
*地歩を固める……70
地歩《ちほ》を築《きず》く……69
*地歩を占める……70
*血道を上げる……16、41
*茶茶を入れる……70、85
茶《ちゃ》にする……70
*忠言は耳に逆らう……36
*中止……49
*沖天《ちゅうてん》の勢い……75
*昼夜を舎《お》かず……92
*寵遇《ちょうぐう》……69
*調子に乗る……35
*嘲笑《ちょうしょう》される……55
*提灯《ちょうちん》に釣り鐘……72
*提灯《ちょうちん》を持つ……65
*頂点に立つ……84
*頂門《もん》の一針……36
*血を吐く思い……59、69、74
地《ち》を掃《はら》う……70
*沈着冷静な……103
*追従する……15
追随《ついずい》を許《ゆる》さない……70
*追想する……42
*痛飲……74
*痛快至極……23
*痛棒を食らわす……88
痛痒《つうよう》を感《かん》じない……70
杖《つえ》とも柱《はしら》とも頼《たの》む……70
杖《つえ》を曳《ひ》く……70
*束の間……69
*月と鼈《すっぽん》……72
*月に叢雲《むらくも》花に風……42
憑《つ》き物《もの》が落《お》ちたよう……70
*辻褄《つじつま》が合う……73、107
*辻褄《つじつま》を合わせる……57
*突っ撥《ぱ》ねる……27
*約《つづ》めて言えば……47
*募らせる……66
*角を出す……57
*鍔迫《つばぜ》り合いを演じる……55
*壺にはまる……61
*詳《つまび》らかにする……7
*つまり……47
*詰まる所……63、86
*爪を研ぐ……94
*露ほども……95
*つれづれである……58
*つれない……80
*貞操を尽くす……95
*手遅れになる……20
出来得《できう》べくんば……71
*適当な……53
出来《でき》ない相談《そうだん》……71
*敵に回す……97
*手薬煉《てぐすね》引く……94
*手玉に取る……34
鉄槌《てっつい》を下《くだ》す……71
*轍鮒《てっぷ》の急……57
轍《てつ》を踏《ふ》む……71
*手に余る……71
*手に負えない……71
*手に取るよう……67
*手に乗る……56
*てにをはが合わない……87
*手のひらを返す……67
手《て》の舞《ま》い足《あし》の踏《ふ》む所《ところ》を知《し》らず……71
*出鼻を挫《くじ》く……32
*手持ち無沙汰……58
*手もなく……67
*手を上げる……83
*手を貸す……12
*手を組む……105
手《て》を拱《こまぬ》く……71
*手を拱《こまぬ》く……71
*手を染める……58
*手を携《たずさ》える……108
手《て》を束《つか》ねる……71
*手を繋《つな》ぐ……108
*手を握る……84
*手を伸ばす……58
*手を結ぶ……105
*伝家の宝刀……34
*天下分け目……45
*天空海闊《てんくうかいかつ》……72
*伝授される……13
天神《てんじん》を決《き》め込《こ》む……71
*天誅を加える……71
*天手古《てんてこ》舞い……20、92
*天にも昇る心持ち……71

＊天王山《てんのうざん》……45
＊点の打ち所がない……87
天馬空《てんばくう》を行《ゆ》く……72
天《てん》を摩《ま》する……72
＊どうあろうとも……50
＊偸安《とうあん》の夢……68
＊頭角を現す……51
頭角《とうかく》を現《あらわ》す……72
等閑《とうかん》に付《ふ》す……72
＊等閑に付す……89、105
同気相求《どうきあいもと》める……72
同日《どうじつ》の談《だん》でない……72
＊同舟《どうしゅう》相救う……108
＊同情を禁じ得ない……55
＊当然……61
＊当然だ……98
＊当然な……53
＊同調する……83
＊唐突で恐縮ですが……64
＊唐突に……73
問《と》うに落《お》ちず
語《かた》るに落《お》ちる……72
＊東奔西走……92
＊同様に……45
当《とう》を得《え》る……73
＊当を得る……57
＊遠からず……87
＊度外視する……52
＊兎角《とかく》……102
＊兎角《とかく》のうちに……74
時《とき》ならず……73
度肝《どぎも》を抜《ぬ》かれる……73
＊度肝を抜く……4、98
時世時節《ときよじせつ》……73
＊時を移さず……10
時《とき》を得《え》顔《がお》……73
＊時を得て……3
時《とき》を刻《きざ》む……73
＊得意顔……73
＊得意満面……73
＊毒牙にかかる……63
＊得心が行かない……89
得心《とくしん》が行《い》く……73
得心尽《とくしんず》く……73
＊独占する……101
＊徳とする……67
徳《とく》とする……73
毒《どく》を以《もっ》て毒《どく》を制《せい》す……74
兎角《とこう》するうちに……74
床《とこ》に臥《ふ》す……74
＊どこ吹く風……2
＊どこ吹く風と聞き流す……65
＊所得顔《ところえがお》……73
所《ところ》を得《え》る……74
度《ど》し難《がた》い……74
＊年月《としつき》が流れる……62
＊土砂降り……55
斗酒《としゅ》なお辞《じ》せず……74
＊とすると……49
＊とすれば……49
塗炭《とたん》の苦《くる》しみ……74
＊塗炭《とたん》の苦しみ……59
とつおいつ……74
＊どっこいどっこいである……1
＊突拍子《とっぴょうし》もない……57
＊途轍《とてつ》もない……57
＊徒党を組む……84
＊とどのつまり……86
止《とど》めを刺《さ》す……74
＊止《とど》めを刺す……68
＊ともかくにも……50
＊どの面《つら》下げて……79
＊何《ど》の辺……78
＊とはいえ……6、50
＊怒髪冠を衝く……75
＊とばっちりを受ける……58
＊とばっちりを食う……65
怒髪《どはつ》天《てん》を衝《つ》く……75
＊怒髪《どはつ》天を衝《つ》く……7、38
土俵《どひょう》を割《わ》る……75
飛《と》ぶ鳥《とり》を落《お》とす勢《いきお》い……75
＊途方もない……57
＊空惚《とぼ》ける……65
とまれ……75
＊とまれ……75
とまれかくまれ……75
＊とまれかくまれ……75
左見右見《とみこうみ》……75
と胸《むね》を衝《つ》かれる……75
＊と胸を衝《つ》かれる……73
＊と胸を衝《つ》く……98
＊止め処《ど》ない……91
＊止め処《ど》なく……33
＊ともあれかくもあれ……75
＊ともすると……102
＊ともすれば……102
とも付《つ》かず……75
とも付《つ》かない……76
ともなく……76
＊倶《とも》に天を戴《いただ》かず……1、17

虎《とら》の尾《お》を踏《ふ》む……76
*虎の尾を踏む……26
虎《とら》を野《の》に放《はな》つ……76
*取り合わない……11、52、101
*取り沙汰する……89
*取り違える……96
*取り憑《つ》かれる……28
*取り付く島もない……80
*取り止め……49
取《と》るに足《た》りない……76
*取るに足りない……37、107
*吐露する……64
問《と》わず語《がた》り……76
度《ど》を失《うしな》う……76
*団栗《どんぐり》の背比べ……18

な

*蔑《ないがし》ろ……3
*蔑《ないがし》ろにする……11、78
内心《ないしん》忸怩《じくじ》たる思《おも》い……77
*内通する……33
泣《な》いて馬謖《ばしょく》を斬《き》る……77
*内内に……5
*内密に……5
名《な》うての……77
*等閑《なおざり》……3
*流し目を送る……56
*半《なか》ら半尺《はんじゃく》……78
無《な》かる可《べ》からず……77
*仲を裂く……78
*就中《なかんずく》……60、90
*亡き数に入る……32
*泣きつく……64
*無きにしも非《あら》ず……77
*無きをえない……77
泣《な》きを見《み》る……77
無《な》くもがな……77
*無くんばある可《べ》からず……77
*情けを交わす……15
*成し遂げる……93
無《な》しとしない……77
為《な》すある人《ひと》……77
*為《な》せるわざ……53
*名高い……77
*名立たる……77
*納得尽く……1、73
納得尽《なっとくず》く……77
*七重の膝を八重に折る……59
*名に負う……78
*何がなんでも……8、108
*名にし負う……77
名《な》にし負《お》う……77
何《なに》にまれ……78
*何にもあれ……78
*何はともあれ……75
何《なに》をおいても……78
何《なに》をか言《い》わんや……78
名《な》のある……78
那辺《なへん》……78
*生意気……31
生木《なまき》を裂《さ》く……78
*なまじい……78
*なまじっか……78
生半《なまなか》……78
*生半可《なまはんか》……78
*生身を削る……59
蔑《なみ》する……78
*涙ぐむ……99
*涙を覚える……99
*涙を禁じ得ない……99
*涙を催《もよお》す……99
*習い自然の如《ごと》し……78
習《なら》い性《せい》と成《な》る……78
*並ぶ者が無い……38、95
*成り下がる……21
*成り果てる……21
なるもの……79
なればこそ……79
成《な》ろう事《こと》なら……79
*なろうなら……79
*縄目の恥を受ける……106
*名を流す……59
*難癖《なんくせ》……45
難色《なんしょく》を示《しめ》す……79
*難色を示す……83
*難じる……88
何《なん》ぞ知《し》らん……79
*何ぞ図らん……79
*難題である……104
垂《なんな》んとする……79
何《なん》の顔《かんばせ》あって……79
何《なん》のことはない……79
*なんのその……101
*何遍も……9
*煮え切らない……74
*似通う……9
*逃げ足が速い……58
*逃げ支度《じたく》をする……80
*逃げを打つ……80
逃《に》げを張《は》る……80
*二言を使う……80

錦《にしき》を飾《かざ》る……80
＊錦を着る……80
＊似たり寄ったり……18
＊二進《にっち》も三進《さっち》も行かない……46、59、81
似《に》て非《ひ》なる……80
二《に》の足《あし》を踏《ふ》む……80
＊二の句が継げない……78
＊二の句を継ぐ……80
＊二の舞を演じる……71
二《に》の矢《や》を継《つ》ぐ……80
鮸膠《にべ》もない……80
二枚舌《にまいじた》を使《つか》う……80
＊入神の域に達す……32
＊人間業とは思われない……60
任《にん》ずる……80
＊任務を負う……62
＊任命する……81
抜《ぬ》き難《がた》い……81
＊抜き差しならない……46、59
抜《ぬ》き差《さ》しならない……81
＊抽《ぬき》んでる……12、51、72
＊温温《ぬくぬく》……66
抜《ぬ》け駆《が》けの功名《こうみょう》……81
＊ぬけぬけと……20、21
寧日《ねいじつ》が無《な》い……81
＊寝返りを打つ……54
願《ねが》わくは……81
＊願わくば……81
＊寝覚めが悪い……31、77
＊熱弁……39
＊熱望する……41
＊根に持つ……88
＊寝耳に水……73
＊年季が入る……42
＊懇《ねんご》ろになる……15
＊念には念を入れる……68
＊念を入れる……94
＊念を押す……68
＊能書きを並べる……107
能事《のうじ》終《お》われり……82
＊能事足れり……82
＊脳漿を絞る……29
＊のうのう……66
残《のこ》り多《おお》い……82
＊望むらくは……41
＊後《のち》の世の業《わざ》……67
＊退《の》っ引《ぴ》きならない……81
＊喉から手が出る……60
＊野辺の送り……67
＊野放図な……91
＊飲み込み顔……44
＊のめのめと……20
＊烽火《のろし》を上げる……69
＊暢気《のんき》に構える……5

は

＊沛雨《はいう》……55
＊拝謁する……38
＊拝謁を乞《こ》う……18
＊肺肝を砕く……29
＊肺肝を開く……64
＊拝辞する……92
＊背反《はいはん》する……1、87
＊肺腑を抉《えぐ》る……82
肺腑《はいふ》を衝《つ》く……82
＊肺腑《はいふ》を衝《つ》く……36
＊肺腑を貫く……82
＊場数《ばかず》を踏む……42
＊儚《はかな》くなる……97
＊図らずも……3、66
＊破顔一笑する……23、63
馬脚《ばきゃく》を露《あらわ》す……82
＊馬脚を露《あらわ》す……25、58、64
＊拍手喝采を浴びる……26
伯仲《はくちゅう》する……82
薄氷《はくひょう》を踏《ふ》む……82
＊薄氷を踏む……76
＊化けの皮が剥《は》がれる……58、82
＊覇権を握る……84
＊破産する……51
＊馬耳東風……65
＊端《はし》無くも……3、66
始《はじ》まらない……82
＊恥を雪ぐ……21
＊弾《はず》みがつく……26
＊弾《はず》みに乗じる……105
＊馳せ参じる……83
馳《は》せ着《つ》ける……82
果《は》たせる哉《かな》……83
肌《はだ》を刺《さ》す……83
旗《はた》を巻《ま》く……83
＊破竹《はちく》の勢い……31、75、108
八《はち》の字《じ》を寄《よ》せる……83
＊八を寄せる……83
ばつを合《あ》わせる……83
＊鼻薬を嗅《か》がせる……27、83
鼻薬《はなぐすり》を利《き》かせる……83
鼻毛《はなげ》を読《よ》まれる……83
＊話にならない……20
＊話の腰を折る……85

*鼻っ柱が強い……28
*はなはだしく……8
*洟《はな》も引っ掛けない……72
*歯に衣《きぬ》を着せない……57
*撥《は》ね付ける……27
*歯の抜けたよう……101
憚《はばか》りながら……83
*羽目を外す……91
*波紋を投じる……108
*早い話が……11
*早い者勝ち……81
*腹に収める……98
*腹に持つ……88
*腹の虫が治まらない……90
*腸《はらわた》が煮え繰り返る……7、75、90
*腸《はらわた》を断つ……96
腹《はら》を合《あ》わせる……84
*腹を合わせる……33
*腹を固める……92
*腹を決める……92
*腹を据える……92
*腹を見抜く……16
*腹を割って話す……4
*腹を割る……64
*張り合う……97
馬齢《ばれい》を重《かさ》ねる……84
*馬齢を加える……84
*覇を争う……84
覇《は》を競《きそ》う……84
*覇を競う……84
覇《は》を唱《とな》える……84
*覇を唱える……84
*半可通……31
*万感交交……85
万感交交至《ばんかんこもごもいた》る……84
*万感胸に迫る……84
*反攻する……11
万斛《ばんこく》の恨《うら》み……84
万事休《ばんじきゅう》す……84
万死《ばんし》に値《あたい》する……84
半畳《はんじょう》を入《い》れる……85
*半畳を入れる……70
*半畳を打つ……85
*反駁《はんばく》する……15
*判別する……90
万已《ばんや》むを得《え》ず……85
*蛮勇……86
*反論する……15
範《はん》を垂《た》れる……85
*贔屓《ひいき》……69
延《ひ》いては……85
日《ひ》がな一日《いちにち》……85
*悲喜交交……84
悲喜交交《ひきこもごも》……85
*引き立て……69
*引きも切らず……33
*日暮らし……85
*髭《ひげ》の塵《ちり》を払う……15、29、31、47
引《ひ》けを取《と》る……86
*引けを取る……27、59
*秘策を練る……10
膝《ひざ》を折《お》る……86
*膝をかがめる……86
*膝を屈する……86
*膝を突き合わす……86
*膝《ひざ》を交える……86
*非常に……8
顰《ひそ》みに倣《なら》う……86
額《ひたい》に汗《あせ》する……86
*額に皺《しわ》を寄せる……83
額《ひたい》を集《あつ》める……86
*悲痛……69
*畢竟……86
畢竟《ひっきょう》するに……86
*筆紙に尽くし難い……86
*筆跡……95
筆舌《ひつぜつ》に尽《つ》くし難《がた》い……86
*筆舌《ひつぜつ》に尽くし難い……14
匹夫《ひっぷ》の勇《ゆう》……86
*一泡吹かせる……4
*一息《ひといき》……10
*人聞き……68
*人心地が付く……56
*人知れず……5
*一筋縄《ひとすじなわ》で行かない……71、104
*人の上に立つ……25
*人の世の常……106
*一肌脱ぐ……12
*一花咲かせる……105
人《ひと》も無《な》げ……86
*日ならず……87
日《ひ》ならずして……87
*微に入り細に亘《わた》り……87
微《び》に入《い》り細《さい》を穿《うが》つ……87
髀肉《ひにく》の嘆《たん》……87
*髀肉を託《かこ》つ……87
日《ひ》に月《つき》に……87
*日に日に……87
*ひねもす……85

非《ひ》の打《う》ち所《どころ》がない……87
*非の打ち所がない……29
*火の消えたよう……101
*日の出の勢い……75
*火花を散らす……55
*火蓋を切る……58
*日増しに……87
*ひもすがら……85
*病状が切迫する……98
平仄《ひょうそく》が合《あ》わない……87
氷炭《ひょうたん》相容《あいい》れず……87
*氷炭《ひょうたん》相容《あいい》れず……1、39
*比類ない……38、70、95
*非を打つ……88
*日を追って……87
日《ひ》を重《かさ》ねる……87
非《ひ》を鳴《な》らす……87
*火を見るよりも明らか……67
*頻繁に……10
*品評する……67
*不案内で……27
風雲急《ふううんきゅう》……88
*風前の灯火《ともしび》……105、108
*ブームを巻き起こす……11
*風流を事とす……60
不可逆的《ふかぎゃくてき》……88
不覚《ふかく》にも……88
*不可能という文字は無い……103
*不吉な……92
*不帰《ふき》の客となる……32、96
不興《ふきょう》を買《か》う……88
*腹心を布《し》く……4、64
含《ふく》む所《ところ》がある……88
*膨れっ面をする……47
*符合する……88
*不思議にも……36
*不承不承……85
符節《ふせつ》を合《あ》わせる……88
*二心《ふたごころ》を抱く……8
*札付《ふだつ》き……43
*蓋《ふた》を開ける……58
*払暁《ふつぎょう》……58
物議《ぶつぎ》を醸《かも》す……88
*降ったりやんだり……89
*仏頂面をする……47
筆《ふで》に上《のぼ》す……89
筆《ふで》を擱《お》く……89
*筆を起こす……89
筆《ふで》を折《お》る……89
*筆を下ろす……89
*筆を捨てる……89
*筆を染める……42、89
*筆を断つ……89
*筆を執《と》る……42、89
*筆を投げる……89
腑《ふ》に落《お》ちない……89
腑《ふ》に落《お》ちる……89
不平《ふへい》を鳴《な》らす……89
*不本意ながら……85、91
*不眠不休で……106
不問《ふもん》に付《ふ》す……89
降《ふ》りみ降《ふ》らずみ……89
無聊《ぶりょう》を託《かこ》つ……89
*無聊《ぶりょう》を託《かこ》つ……58
*分秒を争う……69
*分別《ふんべつ》がない……4
憤懣《ふんまん》遣《や》る方《かた》ない……90
*分を知る……68
*平気の平左で……21
*平行線を辿《たど》る……1、87
*平然と……101
*平地に波乱を起こす……46
炳《へい》として……90
*兵を挙げる……28
*兵を構える……28
可《べ》からざる……90
別《べっ》して……90
*諂《へつら》う……47
*減らず口を叩《たた》く……45
*屁理屈《へりくつ》を捏《こ》ねる……33、107
弁《べん》ずる……90
辺幅《へんぷく》を飾《かざ》る……90
*弁別する……90
*ペンを折る……89
本意《ほい》無《な》い……91
*暴飲……74
*放恣《ほうし》……91
*傍若無人……87
方図《ほうず》がない……91
這《ほ》う這《ほ》うの体《てい》……91
*這《ほ》う這《ほ》うの体《てい》……58
*芳墨《ほうぼく》……95
*謀略をめぐらす……49
*吠え面をかく……77
*頬を染める……24
他《ほか》ならない……91
*他ならない……4
他《ほか》ならぬ……91
*他ならぬ……91
*墨跡……95

*ほくそ笑む……18、23
墓穴《ぼけつ》を掘《ほ》る……91
矛《ほこ》を収《おさ》める……91
縦《ほしいまま》にする……91
*縦《ほしいまま》にする……101
*補する……81
臍《ほぞ》を固《かた》める……91
臍《ほぞ》を噬《か》む……92
*墨痕《ぼっこん》……95
*発端となる……69
*没頭する……46
*程なく……87
*骨身に応《こた》える……45
*骨身に沁《し》みる……45
*骨身を削る……16
*微笑《ほほえ》む……63
*襤褸《ぼろ》を出す……58、82
*本意……12
*本心……12
*本音……12
*本音を洩《も》らす……73
奔命《ほんめい》に疲《つか》れる……92
*本領を発揮する……32

ま

枚挙《まいきょ》に遑《いとま》がない……92
*紛《まが》う……96
*真顔《まがお》になる……14
間《ま》がな隙《すき》がな……92
禍禍《まがまが》しい……92
*間がもてない……90
罷《まか》り出《い》でる……92
罷《まか》り成《な》らぬ……92
*罷《まか》り間違っても……93
*巻き添えを食う……65
*巻き添えを食わせる……108
*紛れもない……67、93
*幕が開く……69
枕《まくら》を欹《そばだ》てる……92
*幕を閉じる……23、56
*負けず劣らず……45、82
枉《ま》げて……93
紛《まご》う方《かた》なし……93
*紛《まご》う方なし……4
*正《まさ》しく……91
*まじまじと……68
間尺《ましゃく》に合《あ》わない……93
*魔手にかかる……63
またぞろ……93
*瞬《またた》く間に……30
*またまた……93
*またもや……93
間違《まちが》っても……93
*睫《まつげ》を濡らす……94
*真っ向から……57
末席《まっせき》を汚《けが》す……93
全《まっと》うする……93
待《ま》て暫《しば》しが無《な》い……93
*的を射《い》る……41、61
眦《まなじり》を決《けっ》する……93
*眦を裂く……94
*ままよ……50
見《まみ》える……94
*眉毛を濡らす……94
*眉毛を読まれる……83
*眉毛を読む……16
眉《まゆ》に迫《せま》る……94
眉《まゆ》に唾《つば》する……94
*眉に唾を付ける……94
*眉に唾を塗る……94
*眉《まゆ》に火《ひ》が付《つ》く……32、57
*眉根を顰める……94
*眉を曇らせる……94
眉《まゆ》を顰《ひそ》める……94
*眉を開く……56
*眉を寄せる……94
*丸焼けになる……23
*満喫する……30
*満面朱を注《そそ》ぐ……75
満《まん》を持《じ》す……94
*見誤る……96
*見栄を張る……90
*身勝手……91
*身から出た錆《さび》……91
右《みぎ》に出《で》る者《もの》が無《な》い……95
*右に出る者が無い……12、38
神輿《みこし》を据《す》える……95
操《みさお》を立《た》てる……95
*操を守る……95
微塵《みじん》も……95
*微塵《みじん》もない……70
*見透かす……83
身過《みす》ぎ世過《よす》ぎ……95
*水際立つ……8、51、61
水茎《みずぐき》の跡《あと》……95
*見捨てる……10
*水と油……39
水《みず》を向《む》ける……95
*見違う……96
三《み》つ指《ゆび》を突《つ》く……95
*見てはいられない……97

＊見通しが立たない……69、105
＊見通しがつかない……105
＊認めざるを得ない……12
身《み》につまされる……96
＊見抜く……83
＊身の毛が弥立《よだ》つ……20、29
＊見晴らす……96
見晴《みは》るかす……96
見紛《みまが》う……96
身罷《みまか》る……96
＊身罷《みまか》る……97
耳《みみ》を貸《か》す……96
＊耳を傾ける……96
＊耳を澄ます……96
＊耳を欹《そばだ》てる……96
耳《みみ》を立《た》てる……96
＊耳を立てる……96
＊耳を劈《つんざ》く……96
耳《みみ》を聾《ろう》する……96
＊未明……2
身《み》も世《よ》もない……96
＊冥加に余る……97
＊冥加《みょうが》に尽きる……97
＊妙諦《みょうてい》をつかむ……17
冥利《みょうり》に尽《つ》きる……96
見《み》るに忍《しの》びない……97
＊見るに忍びない……5
＊見るに耐えない……97
＊未練気がない……8
＊身を入れる……46、105
＊身を切られる……74
＊身を砕く……16
身《み》を焦《こ》がす……97
＊身を粉《こ》にして……17
＊身を粉《こ》にする……29、86、92
＊身を立てる……70、80、105
＊実を結ぶ……43
＊身を焼く……97
＊向かう所敵なし……3
＊無軌道な……57
＊剝《むく》れる……47
向《む》こうに回《まわ》す……97
向《む》こうを張《は》る……97
＊虫唾《むしず》が走る……64
＊無視する……72
＊無尽蔵……92
＊無人の野を行く……72
＊無造作……67
＊虚《むな》しい……82
＊空しくなる……32、96
空《むな》しくなる……97
＊空しゅうなる……97
無《む》に帰《き》す……97
＊無になる……97
＊胸が痛む……97
＊胸が裂ける……96
＊胸がすく……108
＊胸が痞《つか》える……98
胸《むね》が潰《つぶ》れる……97
＊胸が潰《つぶ》れる……34、73
＊胸が張り裂ける……97
旨《むね》とする……97
胸《むね》に余《あま》る……98
＊胸に納める……98
＊胸に迫る……30、82
胸《むね》に畳《たた》む……98
＊胸に秘める……98
＊胸のつかえが下りる……108
＊胸を打つ……36、82
＊胸を焦がす……97
胸《むね》を突《つ》く……98
＊胸を突く……8
＊胸を撫で下ろす……56
夢寐《むび》にも……98
宜《むべ》なる哉《かな》……98
＊宜《むべ》なる哉《かな》……50
無用《むよう》の用《よう》……98
＊無理からぬ話だ……98
＊無理な注文……71
＊無理難題……71
名状《めいじょう》し難《がた》い……98
＊名状し難《がた》い……14、18、39
命旦夕《めいたんせき》に迫《せま》る……98
＊命旦夕《めいたんせき》に迫る……106
命脈《めいみゃく》を保《たも》つ……98
＊名誉を挽回する……21
＊命《めい》を奉ずる……15
＊目が潤む……99
＊めかし込む……35
目頭《めがしら》が熱《あつ》くなる……99
目角《めかど》を立《た》てる……99
＊目角を立てる……100
＊眼鏡に適う……34
＊目が回る……20
＊目から鼻へ抜ける……99
＊目くじらを立てる……99、100
目眩《めくるめ》く……99
＊目溢《めこぼ》しする……89
＊目白押し……107
＊目と鼻の間《あいだ》……54、100

*目と鼻の先……54、100
目《め》に一丁字《いっていじ》無《な》し……99
*目にまばゆい……99
*目に物見せる……71
目端《めはし》が利《き》く……99
目引《めひ》き袖引《そでひ》き……99
目《め》もあやな……99
*目もくれない……10、101、105
目《め》を奪《うば》う……99
目《め》を驚《おどろ》かす……99
*目を三角にする……99、108
目《め》を峙《そばだ》てる……99
*目を側《そば》める……100
*目を吊り上げる……108
*目を塞《ふさ》ぐ……2
*目を見張らせる……99
*目を見張る……43
*目を剝《む》く……94
*面食らう……76
*面子《めんつ》が潰れる……9
*面子を失う……44
面皮《めんぴ》を剝《は》ぐ……100
*面目が潰《つぶ》れる……106
面目次第《めんぼくしだい》も無《な》い……100
*面目を一新する……100
*面目を失う……9、36、106
*面目を保つ……21
面目《めんぼく》を施《ほどこ》す……100
*面目が潰れる……36
*面目に関わる……44
*申し分がない……29
*盲点を衝《つ》く……35
蒙《もう》を啓《ひら》く……100
目睫《もくしょう》の間《かん》……100
*目睫《もくしょう》の間《かん》……54
*目論《もくろ》む……10
*凭《もた》れ掛かる……70
*持ちつ持たれつ……108
*勿体《もったい》なくも……3
*以《も》っての外……49
以《も》って瞑《めい》すべし……100
*以《も》って瞑《めい》すべし……4
専《もっぱ》らにする……101
*元《もと》も子もない……97
ものかは……101
物《もの》ともしない……101
*物の勢い……31
*物の数《かず》ではない……76
*物の弾《はず》み……31
*物笑いになる……55
*物を言う……2
*紅葉を散らす……24
*盛り沢山……92
諸刃《もろは》の剣《つるぎ》……101
*文句無し……87
*門戸を構える……101
*門戸を成す……10、101
門戸《もんこ》を張《は》る……101
*門戸を張る……10
門前市《もんぜんいち》を成《な》す……101
門前雀羅《もんぜんじゃくら》を張《は》る……101
門《もん》を叩《たた》く……101

や

やおら……102
*やきもきする……33
*焼き餅を焼く……57
薬石効《やくせきこう》なく……102
益体《やくたい》もない……102
*益体《やくたい》もない……37、76、107
*薬籠中《やくろうちゅう》の物《もの》……52
*薬籠の物……52
*安んじる……101
*やっぱり……50
*窶《やつ》れる……21
*藪から棒に……73
吝《やぶさ》かでない……102
*疚《やま》しい……77
止《や》むない……102
*止《や》むなく……91
*止《や》むを得ない……63
稍《やや》あって……102
動《やや》もすれば……102
*揶揄《やゆ》する……70
*遣《や》り返す……11
*遣《や》り切れない……55
*槍玉《やりだま》に挙げる……64、88
*遣《や》り手……50
遣《や》る方《かた》無《な》い……102
*遣《や》る方無い……63
*遣る瀬無い……102
已《や》んぬる哉《かな》……102
*唯我独尊《ゆいがどくそん》……65
*遊学する……34
*憂患……41
*勇気を奮う……103
*優遇……69
*融通が利く……36
*悠然と……102
優《ゆう》に……103
*雄弁……39

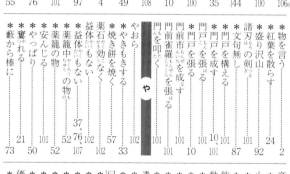

*幽明相《あい》隔《へだ》てる……103
幽明《ゆうめい》境《さかい》を異《こと》にする……103
*幽明《ゆうめい》境を異《こと》にする……32、96
*悠悠自適……29
悠揚《ゆうよう》として迫《せま》らざる……103
*憂慮……41
勇《ゆう》を鼓《こ》す……103
*愉快がる……23
雪《ゆき》を欺《あざむ》く……103
行《ゆ》くとして可《か》ならざるはない……103
ゆくりなくも……103
*夢更《ゆめさら》……103
*夢にも……103
夢《ゆめ》に夢《ゆめ》見《み》る……103
*夢のまた夢……103
努努《ゆめゆめ》……103
*夢を託される……106
*忽《ゆるが》せ……3
*余威を駆る……105
容易《ようい》ならぬ……104
様子振《ようすぶ》る……104
洋《よう》の東西《とうざい》を問《と》わず……104
*揺籃《ようらん》……42
余儀無《よぎな》い……104
*余儀無い……91、102
*余儀無く……85
余儀無《よぎな》くされる……104
能《よ》くする……104
縦《よ》し……104
由無《よしな》い……104
*よしなに……53
誼《よし》みを通《つう》じる……104
*誼《よし》みを通じる……30、34
*誼みを結ぶ……105
*縦しや……104
*余人ではない……91
*縦しんば……104
余勢《よせい》を駆《か》る……105
余喘《よぜん》を保《たも》つ……105
*余喘《よぜん》を保つ……106
*予想に反する……5
余所《よそ》にする……105
*余所《よそ》にする……71
*余所に見る……105、110
*涎《よだれ》が出る……60
予断《よだん》を許《ゆる》さない……105
*予断を許さない……69
由《よ》って来《きた》る……105
*世に入れられる……59
世《よ》に出《で》る……105
*世に出る……80
世《よ》に認《みと》められる……105
世《よ》にも……105
余念《よねん》が無《な》い……105
*世の覚えがめでたい……31
世《よ》の例《ためし》……106
*世の習い……106
夜《よ》の目《め》も寝《ね》ずに……106
輿望《よぼう》を担《にな》う……106
嘉《よみ》する……106
余命幾許《よめいいくばく》も無《な》い……106
*余命を保つ……99
*宜《よろ》しく……53
*蹌踉《よろ》めく……67
*世を去る……96
*拠所《よんどころ》無い……104

ら

烙印《らくいん》を押《お》される……106
*烙印を押す……43
洛陽《らくよう》の紙価《しか》を高《たか》める……106
埒《らち》もない……106
*埒《らち》もない……102
*濫觴《らんしょう》……42
*理解に苦しむ……89
*理が非でも……108
*理屈を並べる……45
俚耳《りじ》に入《い》り易《やす》い……107
*俚耳《りじ》に入り易い……64
*立証する……2
立錐《りっすい》の余地《よち》も無《な》い……107
理《り》に落《お》ちる……107
理《り》に適《かな》う……107
*理に適《かな》う……57、73
*理に詰まる……107
理《り》の当然《とうぜん》……107
*理の前……107
理《り》も非《ひ》もない……107
溜飲《りゅういん》が下《さ》がる……108
*溜飲《りゅういん》が下がる……23
*留学する……34
柳眉《りゅうび》を逆立《さかだ》てる……108
*柳眉を吊り上げる……108
燎原《りょうげん》の火《ひ》……108
*諒《りょう》とする……73
*両刃《りょうば》の剣……101
*良薬は口に苦し……36
両両相俟《りょうりょうあいま》って……108
*凜《り》凜《り》しい……8
*類は友を呼ぶ……72、109

累卵の危うき……10
*累卵の危うき……32
累《るい》を及《およ》ぼす……108
類《るい》を以《もっ》て集《あつ》まる……108
*留守にする……7
留守《るす》を使《つか》う……109
*冷汗三斗《れいかんさんと》の思い……28
*例の……37
*黎明《れいめい》……58
*零落する……21
*烈火のごとく……57
*烈火のごとく怒る……14
裂帛《れっぱく》の気合《きあい》……109
*労を惜しまない……40
禄《ろく》を食《は》む……109
*露見する……58
路頭《ろとう》に迷《まよ》う……109
露命《ろめい》を繋《つな》ぐ……109
*論外……49
*論議する……2
*論議の的になる……89
*論じる……2
論《ろん》を俟《ま》たない……110
*論を俟《ま》たない……67

わ

*賄賂を贈る……83
我《わ》が意《い》を得《え》たり……110
*我が意を得たり……6
分《わ》かち難《がた》い……110
*脇目《わきめ》も振らず……105
*わけ……6
*別《わ》けても……90
*話題になる……37
私《わたくし》する……110
*渡り合う……55
*罠《わな》にはまる……56
*和睦《わぼく》する……110
*笑い飛ばす……11、101
*割り切れない……89
*割符《わりふ》が合う……88
*割を食う……93
*我関せず……110
我関《われかん》せず焉《えん》……110
*我知らず……22
*我とはなしに……22
*我にもなく……22
*我を忘れる……16
*輪を掛ける……60
和《わ》を講《こう》じる……110

*和を結ぶ……110

キーワード索引

▼挨拶
お見知り置き……21
久闊を叙する……34
三つ指を突く……95
▼合図
目引き袖引き……99
▼愛想がない
曲がない……35
鯱膠もない……80
▼会う
相見える……1
謁を通ずる……18
お見知り置き……21
謦咳に接する……38
刺を通じる……59
見える……94
▼青ざめる
色を失う……13
顔色無し……29
▼商い
棚卸する……67
▼明らか
跡をとどめる……3
争えない……4
委曲を尽くす……7
多言を要しない……66
掌を指す……67
炳として……90
紛う方なし……93
論を俟たない……110
▼あきらめる
因果を含める……15
観念の臍を固める……30
然もあらばあれ……49
▼あきれる
これはしたり……47
何をか言わんや……78
▼悪事
網の目を潜る……4
尻が割れる……58
毒を以て毒を制す……74
腹を合わせる……84
▼朝夕
朝な朝な……2
朝まだき……2
白白明け……58
旦夕に迫る……69
日がな一日……85
命旦夕に迫る……98
▼あだ名
異名を取る……13
▼新しい
一家を成す……10
▼集まる
雁首を揃える……29
同気相求める……72
類を以て集まる……108
▼後始末
尻が来る……58
尻を持ち込む……58
▼あなどる
権高に出る……40
蔑する……78
鼻毛を読まれる……83
▼あばく
面皮を剝ぐ……100
▼危ない（危うい）
危なげがない……3
火中の栗を拾う……26
危殆に瀕する……32
焦眉の急……57
旦夕に迫る……69
虎の尾を踏む……76
虎を野に放つ……76
薄氷を踏む……82
命旦夕に迫る……98
諸刃の剣……101
累卵の危うき……108
▼雨
車軸を流す……55
降りみ降らずみ……89
▼争う
追いつ追われつ……19
干戈を交える……28
頸木を争う……37
骨肉相食む……45
事を構える……46
鎬を削る……55
修羅の巷と化す……56
覇を競う……84
物議を醸す……88
矛を収める……91
向こうに回す……97
和を講じる……110
▼改まる（改める）
居住まいを正す……9
色を正す……14
襟を正す……18

斜に構える……55

▼現れる
彗星のごとく……60

▼ありがたい
得たり賢し……18
得たりや応……18
忝い……25
随喜の涙……60
多とする……67
徳とする……73
冥利に尽きる……96

▼ありのまま
有り体に言う……4
有るが儘……4

▼ある
無しとしない……77

▼歩く
足音を盗む……2
杖を曳く……70

▼あわただしい
家を外にする……7
寧日が無い……81
待て暫しが無い……93

▼哀れ
哀れを止める……5

見るに忍びない……97

▼安心する
愁眉を開く……56

▼言い換えれば
言うなれば……6
言ってみれば……11

▼言い立てる
御託を並べる……45

▼言いふらす
金棒引き……26

▼言い分
言い条……6

▼言う
論う……2
有り体に言う……4
言い得て妙……6
言い添える……6
言い做す……6
曰く言い難し……14
言わず語らず……14
云云……17
えならぬ……18
えも言われぬ……18
顧みて他を言う……24
斯く言う……25
苦言を呈する……36
口を極めて……37
口を衝いて出る……37
言語に絶する……39
言辞を弄する……39
言を左右する……40
声を殺す……43
声を潜める……43
声を振り絞る……43
声をやわらげる……43
言葉を探す……46
言葉を呑む……46
強いて言えば……52
辞を低くする……59
太平楽を並べる……66
筆舌に尽くし難い……86
名状し難い……98

▼までもない
言うも愚か……6

▼言うまでもない
言わずもがな……14
言を俟たない……40

▼家
家を外にする……7
門戸を張る……101

留守を使う……109

▼意外
豈図らんや……3
意表に出る……13
意表を突く……13
時ならず……73

▼息
息を切る……7
余喘を保つ……105

▼粋（いき）
粋を利かす……60
数寄を凝らす……60

▼勢いがある
当たるべからざる……3
息を切る……7
騎虎の勢い……31
懸河の弁……39
逞しゅうする……66
蹈鞴を踏む……67
飛ぶ鳥を落とす勢い……75
門戸を張る……101
余勢を駆る……105
燎原の火……108
裂帛の気合……109

▼勢いづく

勝ちに乗じる……26
機に乗じる……32
▼生きながらえる
生き恥を曝す……7
残喘を保つ……51
死中に活を求める……54
命脈を保つ……98
余喘を保つ……105
▼生き物
生きとし生けるもの……7
▼行く
駕を枉げる……28
馳せ着ける……82
罷り出でる……92
門を叩く……101
▼威厳がある
威風辺りを払う……13
犯し難い……20
▼異常
常軌を逸する……57
▼以上のように
事程左様に……46
云爾……52
▼いずれにせよ
とまれ……75
とまれかくまれ……75
▼忙しい
応接に暇がない……19
▼痛い
肌を刺す……83
▼偉大
偉とするに足る……12
▼居たたまれない
座に堪えない……49
▼一日中
日がな一日……85
▼いっしょ
相俟って……1
苦楽を共にする……38
▼一生懸命
余念が無い……105
夜の目も寝ずに……106
▼一致する
十指の指す所……54
十目の見る所……56
符節を合わせる……88
▼いつの間にか
思わず知らず……22
▼いつも
間がな隙がな……92
夢寐にも……98
世の例し……106
▼命
残喘を保つ……51
旦夕に迫る……69
命旦夕に迫る……98
命脈を保つ……98
余喘を保つ……105
余命幾許も無い……106
露命を繋ぐ……109
▼いばる
見識張る……39
▼いまさら
此の期に及んで……47
▼戒める(戒め)
殷鑑遠からず……15
面を犯す……22
▼意味
謂……6
▼卑しい
下種張る……39
▼いらだつ
肝を煎る……33
業を煮やす……43
故障を言う……45
▼いらない
無くもがな……77
▼居留守
留守を使う……109
▼色目
秋波を送る……56
▼いわゆる
謂う所の……6
▼受け入れられない
相容れない……1
氷炭相容れず……87
▼受け入れる
否めない……12
宜う……16
肯んずる……24
俗耳に入り易い……63
世に認められる……105
俚耳に入り易い……107
▼受け継ぐ
衣鉢を継ぐ……12
▼失う
烏有に帰す……17
灰燼に帰す……23
▼うそをつく
産を破る……51

嘘で固める……16
尻が割れる……58
空を使う……65
二枚舌を使う……80
馬脚を露す……82
▼疑う
安んぞ……8
疑いを挟む……16
鼎の軽重を問う……26
疑心暗鬼を生ず……31
眉に唾する……94
▼打ち明ける
語るに落ちる……25
胸襟を開く……35
口吻を洩らす……42
底を割る……64
問うに落ちず語るに落ちる……72
問わず語り……76
▼打ち解ける
世話に砕ける……62
▼打ち破る
血路を開く……39
死中に活を求める……54
▼美しい
婀娜めく……3
綺羅を飾る……35
妍を競う……40
精彩を放つ……61
目眩く……99
目もあやな……99
▼腕
猿臂を伸ばす……19
▼促す
檄を飛ばす……38
▼うぬぼれる
利いた風……31
見識張る……39
権高に出る……40
任ずる……80
▼奪う
鼎の軽重を問う……26
▼うまくいく
得たり賢し……18
得たりや応……18
緒に就く……58
▼敬う
咳唾珠を成す……23
駕を枉げる……28
敬して遠ざける……38
三舎を避ける……51
▼裏切り者
獅子身中の虫……54
▼裏切る
異心を挟む……8
▼恨む(恨み)
恨み骨髄に徹す……17
万斛の恨み……84
含む所がある……88
▼うるさい
耳を聾する……96
▼うれしい
悦に入る……18
笑壺に入る……18
快哉を叫ぶ……23
手の舞い足の踏む所を知らず……71
悲喜交交……85
溜飲が下がる……108
▼噂
金棒引き……26
口の端に掛かる……37
▼運命
時世時節……73
▼影響する
一世を風靡する……11
影を落とす……25
累を及ぼす……108
▼縁起
御幣を担ぐ……47
禍禍しい……92
▼遠慮する
遠慮がち……19
己を虚しゅうする……21
三舎を避ける……51
憚りながら……83
▼おあつらえむき
恰も好し……3
▼おいしい
舌を鳴らす……54
▼奥義
衣鉢を継ぐ……12
蘊奥を極める……17
▼多い
枚挙に遑がない……92
▼おおげさ
之繞を掛ける……60
▼大勢
衆寡敵せず……56
衆を頼む……56

門前市を成す……101
▼おかしい
異とする……12
▼補う
両両相俟って……108
▼遅れを取る
後塵を拝する……42
▼おごそか
威風辺りを払う……13
犯し難い……20
▼行う
措く能わず……20
挙に出る……35
事とする……46
如かず……52
須く……61
無かる可からず……77
能事終われり……82
吝かでない……102
余儀無くされる……104
▼起こる
踵を接する……33
端を発する……69
▼怒る（怒り）
怒り心頭に発する……7
色をなす……14
忌諱に触れる……31
逆鱗に触れる……38
業を煮やす……43
怒髪天を衝く……75
不興を買う……88
憤懣遣る方ない……90
眦を決する……93
目角を立てる……99
柳眉を逆立てる……108
▼惜しい
可惜……3
憾むらくは……17
惜しむらくは……20
▼教える
蒙を啓く……100
▼お辞儀
三つ指を突く……95
▼押し切る
土俵を割る……75
▼押しつける
尻が来る……58
尻を持ち込む……58
▼押し通す
意地張る……8
我を立てる……28
強面に出る……47
▼推し量る
推して知るべし……20
顔色をうかがう……24
端倪すべからざる……69
▼惜しまない
吝かでない……102
▼遅い
遅きに失する……20
機を失する……36
▼恐れ多い
憚りながら……83
▼恐れさせる
荒肝を拉ぐ……4
心胆を寒からしめる……59
▼恐れる（怖い）
生きた空もない……7
怖気を震う……20
外聞を憚る……23
三舎を避ける……51
他聞を憚る……67
禍禍しい……92
▼心配する（心配）
疑心暗鬼を生ず……31
▼おだやか
声をやわらげる……43
▼落ち着いている
悠揚として迫らざる……103
▼落ち着かない
家を外にする……7
寧日が無い……81
待て暫しが無い……93
▼落ちぶれる
尾羽打ち枯らす……21
▼男・女
相対死に……1
婀娜めく……3
体を許す……27
孤閨を守る……44
▼おどす
鬼面人を威す……33
強面に出る……47
▼劣る
一籌を輸する……11
人後に落ちる……59
引けを取る……86
▼衰える
潮が引く……52
▼驚かす

荒肝を拉ぐ……4
意表を突く……13
鬼面人を威す……33
耳目を驚かす……55
心胆を寒からしめる……59
胸を突く……98
目を驚かす……99

▼驚く
息を呑む……8
一驚を喫する……10
色を失う……13
肝を消す……33
声を呑む……43
言葉を呑む……46
これはしたり……47
度肝を抜かれる……73
と胸を衝かれる……75
何ぞ知らん……79
胸が潰れる……97
胸を突く……98

▼同じ
相半ばする……1
明日は我が身……2
一二を争う……9
選ぶ所がない……18
軌を一にする……36
甲乙つけがたい……41
御多分に洩れず……45
伯仲する……82

▼おのずと
思わず知らず……22
巧まずして……66

▼汚名
汚名を雪ぐ……21
烙印を押される……106

▼思いがけない
豈図らんや……3
意表に出る……13
何ぞ知らん……79
不覚にも……88
ゆくりなくも……103

▼思いどおり
過たず……4
自家薬籠中の物……52
図に当たる……60
我が意を得たり……110

▼思う(思い)
思い做しか……21
思いに駆られる……22
思いを抱く……22
駆られる……28
鑑みる……28
心の丈……44
骨髄に徹する……45
万感交交至る……84
胸に余る……98

▼思うに
案ずるに……5
蓋し……39

▼面白い
味のある……2
佳境に入る……24
興に乗ずる……35

▼面白くない
味のない……2
曲がない……35

▼及ばない
及びもつかない……22
比ぶべくもない……38
如かず……52
如くはない……53
追随を許さない……70
同日の談でない……72
右に出る者が無い……95

▼愚か
烏滸の沙汰……20
愚にも付かない……37
愚の骨頂……37
済度し難い……48
沙汰の限り……49
児戯に類する……53
失笑を買う……54

▼疎かにしない
苟も……13

▼疎かにする
等閑に付す……72
余所にする……105

▼終わる
終わりを告げる……23
終止符を打つ……56
万事休す……84

▼外見
形の上では……25
格好が付く……26
辺幅を飾る……90

▼外泊
家を外にする……7

▼帰る
踵を返す……32
踵を回らす……33

▼顔
色を失う……13
色を正す……14
色をなす……14
顔に紅葉を散らす……24
顔色無し……29
器量好み……35
心得顔で……44
小鼻を膨らます……47
朱を注ぐ……57
相好を崩す……63
時を得顔……73
何の顔あって……79
八の字を寄せる……83
柳眉を逆立てる……108
▼輝く
目眩く……99
目もあやな……99
▼書く
稿を起こす……42
筆に上す……89
筆を擱く……89
筆を折る……89
水茎の跡……95
▼覚悟する
観念の臍を固める……30
臍を固める……91
眦を決する……93
▼学識
蘊奥を極める……17
頭角を現す……72
目に一丁字無し……99
▼隠す
外聞を憚る……23
他聞を憚る……67
胸に畳む……98
▼角ばる
圭角が多い……38
▼影
影を落とす……25
▼掛け声
裂帛の気合……109
▼駆けつける
馳せ着ける……82
▼飾る
綺羅を飾る……35
辺幅を飾る……90
▼火事(火)
烏有に帰す……17
灰燼に帰す……23
燎原の火……108
▼かたい
圭角が多い……38
▼形になる
体を成す……66
▼刀
鞘を払う……50
▼勝つ
勝ちに乗じる……26
勝ちを拾う……26
頸木を争う……37
覇を唱える……84
▼勝手気まま
縦にする……91
専らにする……101
私する……110
▼活躍する
驥足を展ばす……32
天馬空を行く……72
所を得る……74
髀肉の嘆……87
世に出る……105
輿望を担う……106
▼家庭
一家を成す……10
▼悲しい
紅涙を絞る……42
断腸の思い……69
悲喜交交……85
身も世もない……96
胸が潰れる……97
▼必ず
過たず……4
▼必ず…する
須く……61
無かる可からず……77
▼かなわない
当たるべからざる……3
及びもつかない……22
比ぶべくもない……38
如くはない……53
衆寡敵せず……56
追随を許さない……70
同日の談でない……72
右に出る者が無い……95
▼がまんする
甘んずる……4
▼からかう
斜に構える……55
茶にする……70

半畳を入れる……85
▼仮に
縦し……104
▼も
苟も……13
▼かろうじて
辛くも……27
這う這うの体……91
▼変わる(変える)
隔世の感……25
今昔の感に堪えない……47
掌を返すよう……67
風雲急……88
▼考えてみるに
案ずるに……5
蓋し……39
▼考える
頭を捻る……3
思いも及ばない……22
思いを馳せる……22
慮る……22
惟る……22
考え倦ねる……28
鑑みる……28
言葉を探す……46
思案投げ首……52
思案に余る……52
▼関係ない
与り知らない……2
委細構わず……8
謂われない……14
掛け構いない……25
余所にする……105
理も非もない……107
我関せず焉……110
▼関係を結ぶ
慇懃を通じる……15
拘り合う……24
体を許す……27
款を通ずる……30
気脈を通じる……33
与する……37
腹を合わせる……84
誼みを通じる……104
分かち難い……110
▼感謝する
心付ける……44
多とする……67
徳とする……73
▼感じる
思いに駆られる……22
思いを抱く……22
駆られる……28
官能的……30
行間を読む……34
気取られる……39
声涙倶に下る……62
万感交交至る……84
含む所がある……88
身につまされる……96
▼関心を持つ
意に介す……12
▼完全
間然する所がない……29
非の打ち所がない……87
全うする……93
▼簡単
掌を返すよう……67
▼感動する
息を呑む……8
感に堪える……30
琴線に触れる……36
声を呑む……43
心を揺さ振る……44
言葉を呑む……46
肺腑を衝く……82
目頭が熱くなる……99
目を奪う……99
▼がんばる
意を注ぐ……14
此処を先途と……44
死中に活を求める……54
死力を尽くす……58
匹夫の勇……86
勇を鼓す……103
▼完璧
間然する所がない……29
非の打ち所がない……87
全うする……93
▼気合
裂帛の気合……109
▼消える
眼底を払う……29
地を掃う……70
▼記憶する
心に刻む……44
▼気後れ
臆面もなく……20
怖めず臆せず……21
三舎を避ける……51

憚りながら……83
▼危害
仇をなす……3
爪牙に掛かる……63
▼機会(時機)
遅きに失する……20
勝ちに乗じる……26
奇貨居くべし……31
機に乗じる……32
機を伺う……36
機を失する……36
機を見るに敏……36
好事魔多し……42
此の期に及んで……47
時宜を得た……53
時ならず……73
満を持す……94
▼聞き流す
空吹く風と聞き流す……65
▼聞く
旧聞に属する……34
▼効く
功を奏する……43
▼聞く
耳朶を打つ……54

耳目を属する……55
枕を欹てる……92
耳を貸す……96
耳を立てる……96
▼効く
薬石効なく……102
▼危険
火中の栗を拾う……26
危殆に瀕する……32
焦眉の急……57
旦夕に迫る……69
虎の尾を踏む……76
虎を野に放つ……76
薄氷を踏む……82
命旦夕に迫る……98
諸刃の剣……101
累卵の危うき……108
▼機嫌を損ねる
忌諱に触れる……31
逆鱗に触れる……38
八の字を寄せる……83
不興を買う……88
▼機嫌をとる
意を迎える……15
歓心を買う……29

機嫌気褄を取る……31
媚を売る……47
▼期待する(期待)
刮目して待つ……26
輿望を担う……106
▼機転
目端が利く……99
▼気取る
様子振る……104
▼気に入る
意を迎える……15
歓心を買う……29
機嫌気褄を取る……31
御意に入る……34
▼気にかけない
委細構わず……8
一顧も与えず……10
一笑に付す……11
意に介す……12
掛け構いない……25
歯牙にも掛けない……52
何のことはない……79
不問に付す……89
余所にする……105
我関せず焉……110

▼気にかける
意に介す……12
意を致す……14
拘り合う……24
心を用いる……44
耳目を属する……55
▼気になる
気が差す……31
▼気のせい
思い做しか……21
▼気の毒
哀れを止める……5
見るに忍びない……97
▼機敏
機を見るに敏……36
▼気まずい
座に堪えない……49
▼決めつける
極印を打つ……43
▼気持ち
意のある所……12
思いに駆られる……22
顔色をうかがう……24
顔色を変える……24
駆られる……28

心の丈……44

▼逆
相前後する……1
不可逆的……88

▼急所
咽喉を扼する……15
肯綮に中たる……41
死命を制する……55
衝に当たる……57
図星を指す……61
正鵠を射る……61

▼清い
聖なる……62
清貧に甘んずる……62

▼共通する
一脈相通ずる……9

▼許可
妨げない……49

▼嫌う(嫌い)
顔をしかめる……24
敬して遠ざける……38
犬猿も啻ならず……39
ぞっとしない……64
眉を顰める……94

▼気楽
安逸を貪る……5
世話に砕ける……62
太平楽を並べる……66

▼着る
綺羅を飾る……35

▼議論する(議論)
論う……2
一議に及ばず……9
詭弁を弄する……33
俎上に載せる……64
物議を醸す……88

▼気を配る
左見右見……75

▼気を引き締める
居住まいを正す……9
色を正す……14
襟を正す……18

▼禁止
構えて……27
罷り成らぬ……92
間違っても……93
努努……103

▼くいちがう
相容れない……1
齟齬を来す……64
平仄が合わない……87
氷炭相容れず……87

▼偶然
ゆくりなくも……103

▼くだらない
児戯に類する……53
ぞっとしない……64
取るに足りない……76
益体もない……102
由無い……104
埒もない……106

▼屈服する
膝を折る……86

▼区別する
一線を画する……11
弁ずる……90

▼組む
与する……37

▼悔やむ
臍を噬む……92

▼暮らす
安逸を貪る……5
閑日月を送る……29
口を濡らす……37
口を糊する……37
苦楽を共にする……38
暮らしが立つ……38
糊口を凌ぐ……44
赤貧洗うが如し……62
惰眠を貪る……68
身過ぎ世過ぎ……95
禄を食む……109
路頭に迷う……109
露命を繋ぐ……109

▼繰り返す
追いつ追われつ……19
轍を踏む……71

▼苦しむ(苦しみ)
窮地に陥る……34
虚空を摑む……43
辛酸を嘗める……59
塗炭の苦しみ……74
泣きを見る……77

▼詳しい
委曲を尽くす……7
微に入り細を穿つ……87

▼企てる
一計を案じる……10
挙に出る……35
策を弄する……49

術中に陥る……56
▼経験
甲羅を経る……42
劫を経る……43
世故に長ける……62
▼啓蒙する
蒙を啓く……100
▼結局
これは要するに……47
詮ずれば……63
延いては……85
畢竟するに……86
▼決して…ない
いっかな……10
構えて……27
罷り成らぬ……92
間違っても……93
努努……103
▼決心する
思い定める……21
観念の臍を固める……30
臍を固める……91
眦を決する……93
▼潔白
証を立てる……1
▼権威
一家を成す……10
▼原因
春秋の筆法……57
由って来る……105
▼謙虚
己を虚しゅうする……21
▼限度
方図がない……91
▼見当をつける
窺い知る……16
▼恋する(恋)
身を焦がす……97
▼合意
相対尽く……1
▼幸運
有卦に入る……16
▼効果
功を奏する……43
薬石効なく……102
▼後悔する
臍を噬む……92
▼貢献する
与って力がある……2
▼交際
久闊を叙する……34
旧交を温める……34
太鼓を叩く……65
知遇を得る……69
同気相求める……72
生木を裂く……78
鼻毛を読まれる……83
身を焦がす……97
類を以て集まる……108
▼降参する
旗を巻く……83
▼強情
意地張る……8
我を立てる……28
▼互角
相半ばする……1
▼心
意を致す……14
胸襟を開く……35
琴線に触れる……36
心に刻む……44
心を用いる……44
心を揺さ振る……44
肺腑を衝く……82
▼志
斃れて後已む……66
操を立てる……95
▼快い
快哉を叫ぶ……23
溜飲が下がる……108
▼こじつける
詭弁を弄する……33
▼こする
擦り合わせる……61
▼異なる
案に相違する……5
一線を画する……11
及びもつかない……22
隔世の感……25
比ぶべくもない……38
異にする……46
言を食む……46
今昔の感に堪えない……47
如くはない……53
選を異にする……63
追随を許さない……70
同日の談でない……72
似て非なる……80
▼言葉
曰く言い難し……14

えならぬ……18
えも言われぬ……18
咳唾珠を成す……23
口を極めて……37
口を衝いて出る……37
言語に絶する……39
言辞を弄する……39
言質を取る……40
言を左右する……40
言葉を探す……46
言葉を呑む……46
辞を低くする……59
筆舌に尽くし難い……86
名状し難い……98
▼好む
器量好み……35
人口に膾炙する……59
▼拒む
頭を振る……27
難色を示す……79
▼媚びる
媚を売る……47
秋波を送る……56
太鼓を叩く……65
▼ごまかす
顧みて他を言う……24
言を左右する……40
▼困る
考え倦ねる……28
窮地に陥る……34
窮余の一策……34
▼込む(混む)
立錐の余地も無い……107
▼懲らしめる
面皮を剝ぐ……100
▼殺す
息の根を殺す……7
止めを刺す……74
▼今昔
隔世の感……25
来し方行く末……45
今昔の感に堪えない……47
▼財産
産を破る……51
▼災難
側杖を食う……65
▼才能
驥足を展ばす……32
頭角を現す……72
所を得る……74
髀肉の嘆……87
▼探す(捜す)
金の草鞋で捜す……27
▼盛ん
逞しゅうする……66
飛ぶ鳥を落とす勢い……75
門戸を張る……101
門前市を成す……101
▼先んじる
機先を制する……32
先を越す……63
▼酒
一盞を傾ける……11
斗酒なお辞せず……74
▼避ける
敬して遠ざける……38
▼差し迫る
焦眉の急……57
旦夕に迫る……69
眉に迫る……94
命旦夕に迫る……98
▼誘う
水を向ける……95
▼さて
閑話休題……30
▼寂しい
残り多い……82
門前雀羅を張る……101
▼覚める
憑き物が落ちたよう……70
▼作用する
相俟って……1
▼去る
立ち別れる……67
罷り出でる……92
▼騒ぐ
さんざめく……50
▼さわやか
冴え冴えしい……48
▼参考までに
因みに……69
▼残念
憾むらくは……17
運の尽き……17
惜しむらくは……20
残り多い……82
髀肉の嘆……87
本意無い……91
▼散歩する
杖を曳く……70

▼しいて
強いて言えば……52
枉げて……93
▼潮
潮が差す……52
潮が引く……52
▼仕返しする
一矢を報いる……11
▼資格
たりうる……68
▼しかし
こそあれ……45
▼仕方がない
甘んずる……4
因果を含める……15
然もあらばあれ……49
清貧に甘んずる……62
詮方無い……63
万已むを得ず……85
止むない……102
遣る方無い……102
已んぬる哉……102
余儀無い……104
由無い……104
▼叱る
剣突を食らう……40
▼時間
劫を経る……43
時を刻む……73
日を重ねる……87
▼事情がある
子細らしい……54
▼静か
足音を盗む……2
息の根を殺す……7
声を殺す……43
声を潜める……43
門前雀羅を張る……101
▼姿勢
居住まいを正す……9
▼時代
一世を風靡する……11
隔世の感……25
今昔の感に堪えない……47
時好に投ずる……53
時世時節……73
風雲急……88
▼しだいに
日に月に……87
▼従う
意を体する……14
意を迎える……15
下風に立つ……27
我を折る……28
驥尾に付す……33
後塵を拝する……42
膝を折る……86
▼下心
為にする……68
▼親しむ(親しい)
相和す……1
久闊を叙する……34
旧交を温める……34
知遇を得る……69
同気相求める……72
類を以て集まる……108
▼したたか
然る者……50
▼し尽くせない
余り有る……3
▼しつこく
執念く……56
▼嫉妬する
修羅を燃やす……56
▼じっとする
息の根を殺す……7
▼失敗する
不覚にも……88
▼(失敗)
運の尽き……17
▼失敗する(失敗)
功罪相半ばする……41
これはしたり……47
才に溺れる……48
轍を踏む……71
墓穴を掘る……91
▼失礼
卒爾ながら……64
▼指摘する
肯綮に中たる……41
図星を指す……61
正鵠を射る……61
▼…してもよい
妨げない……49
▼死に際
今際の際……13
▼死ぬ
相対死に……1
敢え無くなる……1
明日をも知れぬ……2

今際の際……13
鬼籍に入る……32
最期を遂げる……48
身罷る……96
空しくなる……97
以て瞑すべし……100
幽明境を異にする……103
余命幾許も無い……106
▼支配する(支配)
頭立つ……25
下風に立つ……27
牛耳を執る……34
死命を制する……55
毒を以て毒を制す……74
▼しまい込む
高閣に束ねる……41
▼邪魔
好事魔多し……42
▼自由
天馬空を行く……72
▼習慣
習い性と成る……78
▼集団
頭立つ……25
牛耳を執る……34
嶄然頭角を現す……51
▼十分である
余り有る……3
たりうる……68
優に……103
▼十分でない
余り有る……3
至らなさ……9
未だし……13
▼重要
咽喉を扼する……15
肯綮に中たる……41
死命を制する……55
衝に当たる……57
旨とする……97
▼主張する
言い条……6
意地張る……8
異を立てる……15
異を唱える……15
我を立てる……28
檄を飛ばす……38
声を大にする……43
▼出世する
錦を飾る……80
世に出る……105
▼趣味
数寄を凝らす……60
▼種類
選を異にする……63
▼順序
相前後する……1
▼証拠
証を立てる……1
跡をとどめる……3
一札を入れる……10
言質を取る……40
▼情交
相対死に……1
慇懃を通じる……15
体を許す……27
▼承知しない
頭を振る……27
難色を示す……79
▼承知する
宜う……16
肯んずる……24
▼処分する
鉄槌を下す……71
泣いて馬謖を斬る……77
▼処理する
尻が来る……58
尻を持ち込む……58
弁ずる……90
目端が利く……99
▼知らない
寡聞にして……27
▼調べる
閲する……39
▼退く
骸骨を乞う……23
旗を巻く……83
▼知る
窺い知る……16
勝手知ったる……26
▼白い
雪を欺く……103
▼信じる
信を置く……60
操を立てる……95
▼人生
来し方行く末……45
▼親切
御為ごかし……20
▼心配する(心配)

肝胆を砕く……29
肝を煎る……33
後顧の憂い……41
大事無い……66
▼ずうずうしい
臆面もなく……20
怖めず臆せず……21
甲羅を経る……42
人も無げ……86
▼すぐ(すぐに)
一も二もなく……10
間髪を容れず……30
弾指の間……69
▼優れる
異彩を放つ……8
一二を争う……9
一家を成す……10
一頭地を抜く……12
偉とするに足る……12
いみじくも……13
えならぬ……18
えも言われぬ……18
及びもつかない……22
咳唾珠を成す……23
技神に入る……32
驥足を展ばす……32
甲乙つけがたい……41
才長ける……48
嶄然頭角を現す……51
如くはない……53
神に入る……59
精彩を放つ……61
多多益益弁ず……67
追随を許さない……70
頭角を現す……72
同日の談でない……72
止めを刺す……74
為すある人……77
伯仲する……82
右に出る者が無い……95
行くとして
可ならざるはない……103
▼少し
幾何か……8
▼も…ない
寸毫も……61
▼少しも…ない
微塵も……95
▼すべて
数を尽くす……25
細大漏らさず……48
何にまれ……78
▼済ます
弁ずる……90
▼する
措く能わず……20
事とする……46
如かず……52
須く……61
ともなく……76
無かる可からず……77
能事終われり……82
吝かでない……102
余儀無くされる……104
▼鋭い
眼光紙背に徹する……29
機を見るに敏……36
▼座る
居住まいを正す……9
天神を決め込む……71
神輿を据える……95
▼生活
口を濡らす……37
口を糊する……37
暮らしが立つ……38
糊口を凌ぐ……44
赤貧洗うが如し……62
身過ぎ世過ぎ……95
禄を食む……109
路頭に迷う……109
露命を繋ぐ……109
▼成功
功罪相半ばする……41
▼贅沢
贅を尽くす……62
▼生物
生きとし生けるもの……7
▼世界中
洋の東西を問わず……104
▼責任
責めに任ずる……62
逃げを張る……80
任ずる……80
▼せっかち
待て暫しが無い……93
▼説明する
委曲を尽くす……7
事を分ける……47
条理を尽くす……57
▼ぜひ

枉げて……93
▼狭い
立錐の余地も無い……107
▼責める
非を鳴らす……87
▼世話をする
肝を煎る……33
▼戦争
干戈を交える……28
修羅の巷と化す……56
和を講じる……110
▼全力
意を注ぐ……14
此処を先途と……44
死力を尽くす……58
▼そうして
然り而して……53
▼相談する
一議に及ばず……9
額を集める……86
耳を貸す……96
▼早朝
朝まだき……2
▼そうであるなら
然すれば……49
▼そうでなくてさえ
然なきだに……49
然らぬだに……50
ただでさえ……66
▼そうでなければ
然なくば……49
然らずんば……53
▼そうではあるが
然ればとて……50
▼そうはいっても
然りとて……50
▼そっけない
曲がない……35
鯱膠もない……80
▼その上
況んや……14
糅てて加えて……26
加之……52
▼そのとおり
然もありなん……50
宜なる哉……98
▼そのような
斯く言う……25
▼そのようにさせる
然らしめる……53
たらしめる……68
▼粗末
徒や疎か……3
▼疎略
徒や疎か……3
▼それだからこそ
然ればこそ……50
なればこそ……79
▼それだけではなく
糅てて加えて……26
加之……52
▼それほど
事程左様に……46
▼それゆえに
かるが故に……28
▼損する
間尺に合わない……93
▼第一人者
一家を成す……10
▼対応
緩急宜しきを得る……29
機を見るに敏……36
▼待遇表現の類
一粲に供する……11
咳唾珠を成す……23
寡聞にして……27
駕を枉げる……28
驥尾に付す……33
謦咳に接する……38
犬馬の労をとる……40
児戯に類する……53
辞を低くする……59
馬齢を重ねる……84
罷り出でる……92
末席を汚す……93
見える……94
身罷る……96
▼退屈
所在無い……58
無聊を託つ……89
▼大切
咽喉を扼する……15
肯綮に中たる……41
死命を制する……55
衝に当たる……57
旨とする……97
▼たえず
間がな隙がな……92
夢寐にも……98
▼高い

天を摩する……72
▼たがえる
言を食む……46
▼だからといって
然ればとて……50
▼巧み
いみじくも……13
技神に入る……32
神に入る……59
能くする……104
▼確かめる
駄目を押す……68
▼出し抜く
抜け駆けの功名……81
▼助ける
一臂の力を貸す……12
両両相俟って……108
▼訪ねる
駕を枉げる……28
門を叩く……101
▼戦う
干戈を交える……28
鞘を払う……50
▼正しい
然もありなん……50

十指の指す所……54
十目の見る所……56
清貧に甘んずる……62
当を得る……73
宜なる哉……98
理に適う……107
理の当然……107
▼ただ単に
啻に……66
▼ただちに
一も二もなく……10
間髪を容れず……30
▼立ち向かう
異心を挟む……8
正面切る……57
向こうに回す……97
向こうを張る……97
▼たとえば
縦し……104
▼楽しむ
歓を尽くす……30
興に乗ずる……35
▼たびたび
一度ならず……9
一再ならず……10

▼黙らせる
金の轡を食ます……27
▼黙る
暗黙裏……5
息の根を殺す……7
言わず語らず……14
言葉を詰まらせる……46
言葉を呑む……46
▼ためらう
二の足を踏む……80
▼頼る
袖に縋る……64
杖とも柱とも頼む……70
▼男女
慇懃を通じる……15
媚を売る……47
秋波を送る……56
粋を利かす……60
生木を裂く……78
鼻毛を読まれる……83
身を焦がす……97
▼地位
頭立つ……25
鼎の軽重を問う……26
下風に立つ……27

失地を回復する……55
衝に当たる……57
地歩を築く……69
所を得る……74
▼近い
指呼の間……53
眉に迫る……94
目睫の間……100
▼違う
案に相違する……5
一線を画する……11
及びもつかない……22
限りではない……24
隔世の感……25
柄にもない……27
比ぶべくもない……38
異にする……46
言を食む……46
今昔の感に堪えない……47
如くはない……53
選を異にする……63
その限りではない……64
追随を許さない……70
同日の談でない……72
とも付かず……75

とも付かない……76
似て非なる……80
▼知識
蘊蓄を傾ける……17
寡聞にして……27
▼忠告する
苦言を呈する……36
▼中途半端
生半……78
▼調子を合わせる
ばつを合わせる……83
▼ちょうどよい
恰も好し……3
機を伺う……36
時宜を得た……53
▼調和する
相和す……1
▼著書
眼光紙背に徹する……29
行間を読む……34
洛陽の紙価を高める……106
▼散らばる
算を乱す……51
▼ついでにいうと
因みに……69
▼通じる
暗黙裏……5
一脈相通ずる……9
言わず語らず……14
慇懃を通じる……15
款を通ずる……30
気脈を通じる……33
腹を合わせる……84
誼みを通じる……104
▼仕える
見える……94
禄を食む……109
▼疲れる
精も根も尽き果てる……62
奔命に疲れる……92
▼償う
万死に値する……84
▼つけ込む
虚に乗ずる……35
虚を衝く……35
▼続く(続ける)
相前後する……1
倦まず撓まず……16
踵を接する……33
斃れて後已む……66
二の矢を継ぐ……80
▼つまらない
味のない……2
児戯に類する……53
ぞっとしない……64
取るに足りない……76
何のことはない……79
益体もない……102
由無い……104
埒もない……106
▼つまり
これは要するに……47
詮ずれば……63
畢竟するに……86
▼罪
冤を雪ぐ……19
万死に値する……84
▼冷たい
鮸膠もない……80
▼強い
当たるべからざる……3
▼つらい
辛酸を嘗める……59
泣きを見る……77
残り多い……82
身につまされる……96
▼貫く
骨髄に徹する……45
操を立てる……95
▼であっても
たりとも……68
だろうが……68
▼貞操
孤閨を守る……44
操を立てる……95
▼手紙
水茎の跡……95
▼手柄
抜け駆けの功名……81
▼敵対する
向こうに回す……97
▼適当
恰も好し……3
緩急宜しきを得る……29
機を伺う……36
然る可き……53
然る可く……53
時宜を得た……53
当を得る……73
理に適う……107

▼できない
如何とも……7
忍びない……55
出来ない相談……71
手を拱く……71
手を束ねる……71
可からざる……90
▼できる
掌を返すよう……67
たりうる……68
行くとして
可ならざるはない……103
能くする……104
▼ことなら
出来得べくんば……71
成ろう事なら……79
願わくは……81
▼弟子
衣鉢を継ぐ……12
門を叩く……101
▼徹底的に
完膚無きまでに……30
▼手本
殷鑑遠からず……15
範を垂れる……85
▼出る
罷り出でる……92
▼…というもの
なるもの……79
▼同意する
宜う……16
肯んずる……24
▼どうして…か
安んぞ……8
▼どうしようもない
如何とも……7
事ここに至る……46
詮方無い……63
度し難い……74
万已むを得ず……85
憤懣遣る方ない……90
止むない……102
遣る方無い……102
已んぬる哉……102
余儀無い……104
由無い……104
▼同席する
座に堪えない……49
末席を汚す……93
▼当然
言うも愚か……6
言わずもがな……14
言を俟たない……40
然る可き……53
須く……61
無かる可からず……77
理の当然……107
論を俟たない……110
▼尊い
聖なる……62
▼堂々
臆面もなく……20
怖めず臆せず……21
▼道理(理屈)
文目も分かたぬ……4
言辞を弄する……39
事を分ける……47
条理を尽くす……57
当を得る……73
宜なる哉……98
理に落ちる……107
理に適う……107
理の当然……107
理も非もない……107
論を俟たない……110
▼同類
同気相求める……72
類を以て集まる……108
▼とかく
動もすれば……102
▼得意気
時を得顔……73
▼特に
優れて……60
別して……90
世にも……105
▼どこ(どこでも)
那辺……78
洋の東西を問わず……104
▼ところで
閑話休題……30
▼とすれば
然すれば……49
▼どちらともいえない
とも付かず……75
とも付かない……76
▼突然
卒爾ながら……64
▼どなる
剣突を食らう……40

▼とにかく
声を振り絞る……43
とまれ……75
とまれかくまれ……75
何をおいても……78
▼…とはいえ
言い条……6
こそあれ……45
▼とぼける
空を使う……65
▼とらわれる
抜き難い……81
抜き差しならない……81
▼取り次ぐ
謁を通ずる……18
刺を通じる……59
▼取り繕う
言い做す……6
ばつを合わせる……83
▼取り乱す
度を失う……76
▼とりもつ
肝を煎る……33
▼取り戻す
失地を回復する……55
▼努力する
倦まず撓まず……16
肝胆を砕く……29
犬馬の労をとる……40
斃れて後已む……66
▼とりわけ
優れて……60
別して……90
世にも……105
▼とんでもない
有ろう事か……5
▼ない（打ち消し）
あらばこそ……4
いっかな……10
構えて……27
寸毫も……61
間違っても……93
微塵も……95
努努……103
▼仲が良い
相和す……1
▼仲が悪い
犬猿も啻ならず……39
▼仲間
員に備わるのみ……15
雁首を揃える……29
与する……37
同気相求める……72
末席を汚す……93
類を以て集まる……108
▼泣く
紅涙を絞る……42
随喜の涙……60
声涙倶に下る……62
目頭が熱くなる……99
▼無くなる
烏有に帰す……17
灰燼に帰す……23
眼底を払う……29
地を掃う……70
無に帰す……97
▼嘆く
髀肉の嘆……87
▼なつかしい
古式床しい……45
▼納得がいかない
腑に落ちない……89
▼納得させる
因果を含める……15
▼納得する
得心が行く……73
得心尽く……73
納得尽く……77
腑に落ちる……89
▼生意気
利いた風……31
悍りながら……83
▼名前
異名を取る……13
冠せられる……29
名に負う……77
名のある……78
▼怠ける
惰眠を貪る……68
▼なまじっか
生半……78
▼涙
紅涙を絞る……42
随喜の涙……60
声涙倶に下る……62
目頭が熱くなる……99
▼悩む
憂き身を窶す……16
胸に余る……98
▼成り立たない

相容れない……1
氷炭相容れず……87
▼なる
垂んとする……79
▼何度も
一度ならず……9
一再ならず……10
▼にぎやか
さんざめく……50
門前市を成す……101
▼逃げる
網の目を潜る……4
血路を開く……39
三十六計を決め込む……51
尻に帆を掛ける……58
逃げを張る……80
這う這うの体……91
▼入門する
門を叩く……101
▼にらむ
目角を立てる……99
目を峙てる……99
▼抜きんでる
一頭地を抜く……12
▼ぬれぎぬ
冤を雪ぐ……19
▼願う
希う……41
希くは……41
事あれかし……45
出来得べくんば……71
成ろう事なら……79
願わくは……81
▼ねたむ
修羅を燃やす……56
▼熱中する
憂き身を窶す……16
事とする……46
余念が無い……105
夜の目も寝ずに……106
▼寝る
惰眠を貪る……68
枕を欹てる……92
夜の目も寝ずに……106
▼年月
閲する……39
甲羅を経る……42
劫を経る……43
春秋に富む……57
星霜を経る……61
馬齢を重ねる……84
日に月に……87
日を重ねる……87
▼年齢
春秋に富む……57
馬齢を重ねる……84
▼念を押す
駄目を押す……68
止めを刺す……74
▼望む
希う……41
希くは……41
事あれかし……45
触手を伸ばす……57
出来得べくんば……71
成ろう事なら……79
願わくは……81
▼飲む
一盞を傾ける……11
斗酒なお辞せず……74
▼乗る
車上の人となる……55
▼のんき
安逸を貪る……5
太平楽を並べる……66
▼のんびり
安逸を貪る……5
閑日月を送る……29
惰眠を貪る……68
▼入り込む
膏肓に入る……41
▼ばかげている
烏滸の沙汰……20
愚にも付かない……37
愚の骨頂……37
沙汰の限り……49
▼はかない
一場の夢……9
夢に夢見る……103
▼図る（謀る）
一計を案じる……10
挙に出る……35
策を弄する……49
術中に陥る……56
▼破産
産を破る……51
▼始まる
嚆矢とする……41
緒に就く……58
端を発する……69

▼場所
衝に当たる……57
所を得る……74
▼恥じる(恥)
生き恥を曝す……7
潔しとしない……8
汚名を雪ぐ……21
顔に紅葉を散らす……24
汗顔の至り……28
きまり悪げ……33
慙愧に堪えない……50
内心忸怩たる思い……77
面目次第も無い……100
▼はずれる
案に相違する……5
▼肌
雪を欺く……103
▼働きかける
相俟って……1
款を通ずる……30
気脈を通じる……33
触手を伸ばす……57
誼みを通じる……104
▼働く
犬馬の労をとる……40
額に汗する……86
奔命に疲れる……92
▼罰する
鉄槌を下す……71
泣いて馬謖を斬る……77
▼話し合う
相対尽く……1
▼話す(話)
蘊蓄を傾ける……17
語るに落ちる……25
閑話休題……30
旧聞に属する……34
胸襟を開く……35
懸河の弁……39
口吻を洩らす……42
声を殺す……43
声を潜める……43
声涙倶に下る……62
底を割る……64
問うに落ちず
語るに落ちる……72
問わず語り……76
理に落ちる……107
▼甚だしい
些かならず……8
転た……16
完膚無きまでに……30
之繞を掛ける……60
▼はやる
一世を風靡する……11
時好に投ずる……53
▼晴らす
冤を雪ぐ……19
汚名を雪ぐ……21
▼ばれる
尻が割れる……58
底が割れる……64
馬脚を露す……82
▼反撃する
一矢を報いる……11
▼反省する
慙愧に堪えない……50
▼反対する
異を立てる……15
異を唱える……15
面を犯す……22
▼光
影を落とす……25
▼率いる
頭立つ……25
牛耳を執る……34
采配を振る……48
▼引き受ける
責めに任ずる……62
▼引き止める
袖に縋る……64
▼非常に
いみじくも……13
転た……16
世にも……105
▼ひそかに
暗暗裏に……5
▼否定する
頭を振る……27
難色を示す……79
▼人
老いも若きも……19
雁首を揃える……29
為すある人……77
▼ひといきに
一気呵成……10
▼ひどく
些かならず……8
完膚無きまでに……30
▼ひとりじめ

縦にする……91
専らにする……101
私する……110
▼批判する
云云……17
春秋の筆法……57
俎上に載せる……64
棚卸する……67
非を鳴らす……87
▼ひま
閑日月を送る……29
所在無い……58
無聊を託つ……89
▼冷やかす
茶にする……70
半畳を入れる……85
▼評価(評判)
偉とするに足る……12
汚名を雪ぐ……21
外聞を憚る……23
喝采を博する……26
聞こえが高い……31
器量を下げる……35
口の端に掛かる……37
春秋の筆法……57
棚卸する……67
他聞を憚る……67
名うての……77
名にし負う……77
名のある……78
世に認められる……105
輿望を担う……106
嘉する……106
烙印を押される……106
洛陽の紙価を高める……106
▼表現
言い得て妙……6
咳唾珠を成す……23
春秋の筆法……57
▼できない
曰く言い難し……14
▼表現できない
えならぬ……18
えも言われぬ……18
言語に絶する……39
筆舌に尽くし難い……86
名状し難い……98
▼表情
色を失う……13
色を正す……14
色をなす……14
顔色をうかがう……24
顔色を変える……24
顔に紅葉を散らす……24
顔をしかめる……24
顔色無し……29
心得顔で……44
小鼻を膨らます……47
秋波を送る……56
朱を注ぐ……57
相好を崩す……63
時を得顔……73
八の字を寄せる……83
眦を決する……93
目角を立てる……99
目を峙てる……99
柳眉を逆立てる……108
▼風流
数寄を凝らす……60
▼武器
諸刃の剣……101
▼ふさぐ
快快として楽しまず……19
▼ふさわしい
恰も好し……3
柄にもない……27
緩急宜しきを得る……29
機を伺う……36
時宜を得た……53
▼ふたたび
またぞろ……93
▼不満
恨み骨髄に徹す……17
憾むらくは……17
快快として楽しまず……19
惜しむらくは……20
故障を言う……45
小鼻を膨らます……47
舌を鳴らす……54
ぞっとしない……64
八の字を寄せる……83
万斛の恨み……84
不興を買う……88
含む所がある……88
不平を鳴らす……89
本意無い……91
眉を顰める……94
▼振り返る
頭を回らす……42
▼降る

車軸を流す……55
降りみ降らずみ……89
▼古い
古式床しい……45
▼奮う
勇を鼓す……103
▼震える
怖気を震う……20
▼故郷
錦を飾る……80
▼を離れる
笈を負う……34
▼文章
一気呵成……10
咳唾珠を成す……23
稿を起こす……42
筆舌に尽くし難い……86
筆に上す……89
筆を擱く……89
筆を折る……89
▼平気
危なげがない……3
大事無い……66
痛痒を感じない……70
ものかは……101
物ともしない……101
▼別名
異名を取る……13
▼へりくだる
一粲に供する……11
寡聞にして……27
驥尾に付す……33
謦咳に接する……38
犬馬の労をとる……40
児戯に類する……53
辞を低くする……59
馬齢を重ねる……84
罷り出でる……92
末席を汚す……93
見える……94
▼変
異とする……12
▼勉強
笈を負う……34
▼傍観する
手を拱く……71
手を束ねる……71
▼方法
窮余の一策……34
▼葬る
茶毘に付す……67
▼欲しい
垂涎の的……60
▼ほめる
偉とするに足る……12
喝采を博する……26
嘉する……106
▼滅びる
墓穴を掘る……91
▼本質
蘊奥を極める……17
▼本心
意のある所……12
▼ぼんやり
文目も分かたぬ……4
其れかあらぬか……65
ともなく……76
夢に夢見る……103
▼毎朝
朝な朝な……2
▼任せる
任ずる……80
▼巻き添え
累を及ぼす……108
▼負ける
一籌を輸する……11
一敗地に塗れる……12
顔色無し……29
衆寡敵せず……56
人後に落ちる……59
土俵を割る……75
引けを取る……86
▼まさに
いみじくも……13
他ならない……91
他ならぬ……91
▼まして
況んや……14
▼まず
何をおいても……78
▼貧しい
口を濡らす……37
口を糊する……37
糊口を凌ぐ……44
清貧に甘んずる……62
赤貧洗うが如し……62
路頭に迷う……109
露命を繋ぐ……109
▼ますます
転た……16

▼また
またぞろ……93
▼まだ
未だし……13
▼間違いない
他ならない……91
他ならぬ……91
紛う方なし……93
▼間違える
見紛う……96
▼待ちわびる
事あれかし……45
▼待つ
機を伺う……36
満を持す……94
▼まっすぐ
正面切る……57
▼まとまる
擦り合わせる……61
体を成す……66
▼まねをする
顰みに倣う……86
▼まばゆい
目眩く……99
目もあやな……99
▼間もなく
幾許も無く……8
兎角するうちに……74
日ならずして……87
稍あって……102
▼迷う
とつおいつ……74
▼万が一
縦し……104
▼にも
苟も……13
▼満足する(満足)
甘んずる……4
得たり賢し……18
得たりや応……18
悦に入る……18
笑壺に入る……18
快哉を叫ぶ……23
会心の笑み……23
舌を鳴らす……54
足るを知る……68
以て瞑すべし……100
溜飲が下がる……108
我が意を得たり……110
▼味方
与する……37
▼身構える
斜に構える……55
▼未熟
至らなさ……9
未だし……13
▼見透かす
内兜を見透かす……16
▼みすぼらしい
尾羽打ち枯らす……21
▼乱れる
算を乱す……51
▼導く
蒙を啓く……100
▼認める
否めない……12
宜う……16
多とする……67
世に認められる……105
▼見とれる
目を奪う……99
▼見抜く
内兜を見透かす……16
眼光紙背に徹する……29
行間を読む……34
▼耳
俗耳に入り易い……63
俚耳に入り易い……107
▼妙
異とする……12
▼見る
射るように……13
耳目を属する……55
矯めつ眇めつ……68
手を拱く……71
手を束ねる……71
左見右見……75
目角を立てる……99
目を峙てる……99
▼見分ける
咫尺を弁ぜず……54
弁ずる……90
▼見渡す
見晴かす……96
▼みんな
老いも若きも……19
▼迎える
来るべき……32
▼無学
目に一丁字無し……99

▼むごい
酸鼻を極める……51
▼無視する
一顧も与えず……10
歯牙にも掛けない……52
蔑する……78
不問に付す……89
余所にする……105
我関せず焉……110
▼無実
冤を雪ぐ……19
▼矛盾
相容れない……1
齟齬を来す……64
平仄が合わない……87
氷炭相容れず……87
▼難しい
辛くも……27
度し難い……74
容易ならぬ……104
▼結びつく
分かち難い……110
▼むだ
何をか言わんや……78
始まらない……82
無に帰す……97
▼名誉
一分が立たない……9
汚名を雪ぐ……21
顔を潰す……24
器量を下げる……35
沽券に関わる……44
面目を施す……100
嘉する……106
烙印を押される……106
▼迷惑
累を及ぼす……108
▼巡り合わせ
有卦に入る……16
▼珍しい(不思議)
奇を衒う……36
奇しくも……36
▼目立つ
異彩を放つ……8
奇を衒う……36
嶄然頭角を現す……51
精彩を放つ……61
頭角を現す……72
▼目つき
射るように……13
秋波を送る……56
眦を決する……93
目角を立てる……99
目を峙てる……99
▼面目
一分が立たない……9
顔を潰す……24
器量を下げる……35
沽券に関わる……44
何の顔あって……79
面目次第も無い……100
面目を施す……100
▼燃える
烏有に帰す……17
灰燼に帰す……23
▼文字
水茎の跡……95
目に一丁字無し……99
▼もったいない
可惜……3
忝い……25
▼もったいぶる
様子振る……104
▼戻る
踵を返す……32
踵を回らす……33
不可逆的……88
▼模範
殷鑑遠からず……15
範を垂れる……85
▼問題にしない
一笑に付す……11
歯牙にも掛けない……52
大事無い……66
痛痒を感じない……70
等閑に付す……72
何のことはない……79
不問に付す……89
ものかは……101
物ともしない……101
▼約束
一札を入れる……10
言質を取る……40
言を食む……46
▼役立つ
与って力がある……2
無用の用……98
▼役に立たない
員に備わるのみ……15
取るに足りない……76

益体もない…… 102
▼焼ける
烏有に帰す…… 17
灰燼に帰す…… 23
▼易しい
掌を返すよう…… 67
▼安い
底を割る…… 64
▼休む
茶にする…… 70
▼やはり
果たせる哉…… 83
▼やましい
気が差す…… 31
▼病む
膏肓に入る…… 41
床に臥す…… 74
薬石効なく…… 102
▼やむを得ない
甘んずる…… 4
因果を含める…… 15
然もあらばあれ…… 49
清貧に甘んずる…… 62
詮方無い…… 63
万已むを得ず…… 85
止むない…… 102
遣る方無い…… 102
已んぬる哉…… 102
余儀無い…… 104
▼やむをえない
由無い…… 104
▼やめる
骸骨を乞う…… 23
沙汰止み…… 49
旗を巻く…… 83
筆を擱く…… 89
筆を折る…… 89
矛を収める…… 91
▼やり遂げる
一気呵成…… 10
数を尽くす…… 25
驥尾に付す…… 33
多多益益弁ず…… 67
能事終われり…… 82
全うする…… 93
行くとして可ならざるはない…… 103
▼優雅
優に…… 103
▼勇気
匹夫の勇…… 86
勇を鼓す…… 103
▼友人
久闊を叙する…… 34
旧交を温める…… 34
▼有名
人口に膾炙する…… 59
名うての…… 77
名にし負う…… 77
名のある…… 78
▼愉快
快哉を叫ぶ…… 23
歓を尽くす…… 30
溜飲が下がる…… 108
▼雪
降りみ降らずみ…… 89
▼行き詰まる
一頓挫を来す…… 9
窮地に陥る…… 34
事ここに至る…… 46
思案投げ首…… 52
思案に余る…… 52
進退谷まる…… 59
抜き差しならない…… 81
万事休す…… 84
▼行き届く
委曲を尽くす…… 7
微に入り細を穿つ…… 87
▼ゆずる
我を折る…… 28
▼油断
虚に乗ずる…… 35
虚を衝く…… 35
▼ゆっくりと
やおら…… 102
▼ゆとりがある
余り有る…… 3
優に…… 103
悠揚として迫らざる…… 103
▼由来
由って来る…… 105
▼夜明け
白白明け…… 58
▼良い
得たり賢し…… 18
得たりや応…… 18
如かず…… 52
▼容姿
婀娜めく…… 3
器量好み…… 35

妍を競う……40
▼要所
咽喉を扼する……15
衝に当たる……57
▼要するに
これは要するに……47
詮ずれば……63
畢竟するに……86
▼要点
肯綮に中たる……41
図星を指す……61
正鵠を射る……61
▼横目
目を峙てる……99
▼良し悪し
論う……2
功罪相半ばする……41
▼予想
案に相違する……5
図に当たる……60
だろうが……68
予断を許さない……105
▼世の中
一世を風靡する……11
隔世の感……25
今昔の感に堪えない……47
時好に投ずる……53
俗耳に入り易い……63
風雲急……88
世に出る……105
世の例し……106
俚耳に入り易い……107
▼呼びかけ
卒爾ながら……64
▼読ませる
一粲に供する……11
▼喜ぶ
悦に入る……18
笑壺に入る……18
歓を尽くす……30
相好を崩す……63
手の舞い足の踏む所を知らず……71
悲喜交交……85
▼世渡り
世故に長ける……62
▼利益
御為ごかし……20
為にする……68
▼立派
いみじくも……13
為すある人……77
▼理由
謂……6
かるが故に……28
事程左様に……46
▼流行
一世を風靡する……11
時好に投ずる……53
▼利用する
奇貨居くべし……31
機に乗じる……32
自家薬籠中の物……52
▼留守
家を外にする……7
孤閨を守る……44
▼例の
件の……36
▼論じる
論う……2
一議に及ばず……9
詭弁を弄する……33
俎上に載せる……64
▼賄賂
金の轡を食ます……27
鼻薬を利かせる……83
▼若い
春秋に富む……57
▼和解
和を講じる……110
▼分からせる
因果を含める……15
▼分からない
明日をも知れぬ……2
文目も分かたぬ……4
思いも及ばない……22
考え倦ねる……28
咫尺を弁ぜず……54
其れかあらぬか……65
端倪すべからざる……69
ともなく……76
腑に落ちない……89
予断を許さない……105
▼分かる
窺い知る……16
蘊奥を極める……17
推して知るべし……20
思い半ばに過ぎる……21
眼光紙背に徹する……29
行間を読む……34

気取られる……39
俗耳に入り易い……63
得心が行く……73
得心尽く……73
俚耳に入り易い……107

▼別れる
立ち別れる……67
残り多い……82

▼わけ
謂……6
かるが故に……28
事程左様に……46

▼わざわい
明日は我が身……2
仇をなす……3
爪牙に掛かる……63
側杖を食う……65
禍禍しい……92
燎原の火……108

▼笑う
一笑に付す……11
笑壺に入る……18
会心の笑み……23
相好を崩す……63

▼笑わせる
一粲に供する……11

▼笑われる
失笑を買う……54

▼悪い
糅てて加えて……26
爪牙に掛かる……63
毒を以て毒を制す……74
禍禍しい……92

▼我こそは
乃公出でずんば……65

7600

大きな字の
美しい日本語選び辞典

2018年10月23日　第1刷　発行

発行人　黒田　隆暁
編集人　芳賀　靖彦
企画編集　森川　聡顕

発行所　株式会社　学研プラス
〒141-8415　東京都品川区西五反田2-11-8
印刷所　共同印刷株式会社
製本所　株式会社難波製本

この本に関する各種お問い合わせ先
●本の内容については　Tel 03-6431-1603（編集部直通）
●在庫については　Tel 03-6431-1199（販売部直通）
●不良品（落丁、乱丁）については　Tel 0570-000577
学研業務センター
〒354-0045 埼玉県入間郡三芳町上富279-1
●上記以外のお問い合わせは
Tel 03-6431-1002（学研お客様センター）

◎学研の書籍・雑誌についての新刊情報・詳細情報は、下記をご覧ください。
学研出版サイト　http://hon.gakken.jp/